REZA EL ROSARIO
10 Ave María
Gloria
Jaculatorias
4to Misterio
Padre Nuestro
3er Misterio
Padre Nuestro
10 Ave María
Gloria
Jaculatorias
10 Ave María
Gloria
Jaculatorias
5to Misterio
Padre Nuestro
2do Misterio
Padre Nuestro
10 Ave María
Gloria
Jaculatorias
10 Ave María
Gloria
Jaculatorias
1er Misterio
Padre Nuestro
Padre Nuestro
3 Ave María
meditadas
Salve
Letanías (opcional)
Acto de Contricción
Credo
La Señal de la Cruz
(Tomando el Crucifijo)
En el nombre del Padre,
del Hijo y del
Espiritu Santo.
Amén

LOS MISTERIOS GOZOSOS

Los Misterios Gozosos
(lunes y sábado)

1. La Anunciación (Lucas 1:26-38).
2. La Visitación (Lucas 1:39-56).
3. El Nacimiento de Jesús (Lucas 2:1-20).
4. La Presentación de Jesús en el Templo (Lucas 2:22-38).
5. El Niño Jesús Perdido y Hallado en el Templo (Lucas 2:41-52).

Los Misterios Luminosos
(jueves)

1. El Bautismo de Jesús en el Jordán (Mateo 3:13-17).
2. La Autorrevelación de Jesús en las Bodas de Caná (Juan 2:1-12).
3. El Anuncio del Reino de Dios y la Invitación a la Conversión (Marcos 1:14-15).
4. La Transfiguración (Mateo 17:1-9).
5. La Institución de la Eucaristía (Lucas 22:14-20).

Los Misterios Dolorosos
(martes y viernes)

1. La Oración de Jesús en el Huerto de Getsemaní (Mateo 26:36-46).
2. La Flagelación de Jesús (Juan 19:1).
3. La Coronación de Espinas (Mateo 27:27-31).
4. Jesús con la Cruz a Cuestas (Juan 19:17).
5. La Crucifixión y Muerte de Jesús (Lucas 23:33-46).

Los Misterios Gloriosos
(miércoles y domingo)

1. La Resurrección de Jesús (Mateo 28:1-10).
2. La Ascensión de Jesús al Cielo (Hechos 1:9-11).
3. La Venida del Espíritu Santo en Pentecostés (Hechos 2:1-13).
4. La Asunción de María al Cielo (tradición de la Iglesia).
5. La Coronación de María como Reina del Cielo y de la Tierra (tradición de la Iglesia).

EL LIBRO DE LAS ORACIONES CATÓLICAS

EL SANTO ROSARIO

ORIGEN

Penguin
Random House
Grupo Editorial

El libro de las oraciones católica
El Santo Rosario

Primera edición: marzo de 2025

8950 SW 74th Court, Suite 2010
Miami, FL 33156

www.librosorigen.com

Diseño de cubierta e interiores: PRHGE

ISBN: 979-8-890982-32-2
Impreso en China – *Printed in China*

Índice

EL SANTO ROSARIO

Historia y desarrollo del Santo Rosario

El Santo Rosario es una de las devociones más queridas y practicadas en la Iglesia Católica. Su historia abarca siglos y está íntimamente ligada a la vida de Jesucristo y la Virgen María. Su evolución refleja la profundidad y la riqueza de la espiritualidad católica, así como su capacidad para adaptarse y crecer con el tiempo.

Orígenes y primeros siglos

Desde los primeros siglos del cristianismo, la oración repetitiva ha sido una forma común de devoción. Los monjes del desierto y otras comunidades religiosas recitaban los 150 Salmos de las Sagradas Escrituras. Sin embargo, para aquellos que no sabían leer, se desarrollaron métodos alternativos, como la recitación de 150 Padrenuestros. Esta práctica se puede considerar como un precursor del Rosario moderno.

La devoción mariana también tiene raíces profundas en la Iglesia primitiva. Desde los primeros tiempos, los cristianos han mostrado una gran veneración por la Virgen

María, la Madre de Dios. La combinación de la oración repetitiva y la devoción mariana sentó las bases para el desarrollo del Rosario.

Siglos XII y XIII

La tradición sostiene que, en el siglo XIII, la Virgen María se apareció a Santo Domingo de Guzmán y le entregó el Rosario como un arma poderosa para combatir las herejías albigenses. Aunque esta historia no está confirmada históricamente, ha sido una parte importante de la devoción popular. Los dominicos jugaron un papel crucial en la promoción del Rosario, y su estructura comenzó a tomar forma en esta época.

Durante este tiempo, la recitación de 50 o 150 Ave Marías en lugar de los Salmos se hizo popular. La oración del Ave María se desarrolló gradualmente a lo largo de los siglos y, para el siglo XIII, la primera parte de la oración (hasta "bendito es el fruto de tu vientre, Jesús") ya estaba en uso. Esta práctica reflejaba la estructura del Rosario actual y preparaba el camino para su desarrollo posterior.

Siglo XV

El beato Alano de la Roca, un dominico del siglo XV, fue instrumental en la promoción del Rosario. Él organizó las Avemarías en decenas, cada una precedida por un Padrenuestro, y promovió la meditación sobre los misterios de la vida de Cristo y María. Esta estructura formó la base del Rosario que conocemos hoy.

El Beato Alano también estableció las Cofradías del Rosario, que ayudaron a difundir esta devoción por toda Europa. Las Cofradías del Rosario organizaron a los fieles en grupos para recitar el Rosario juntos, promoviendo así la oración comunitaria y el apoyo mutuo en la fe.

Siglo XVI

La Batalla de Lepanto en 1571 fue un evento significativo en la historia del Rosario. La victoria de la Liga Santa contra el Imperio otomano fue atribuida a la intercesión de la Virgen María mediante la oración del Rosario. Como resultado, el Papa Pío V instituyó la fiesta de Nuestra Señora de la Victoria, posteriormente conocida como Nuestra Señora del Rosario.

El Papa Pío V también codificó la forma del Rosario en la bula *Consueverunt Romani Pontifices* en 1569. Esta bula estableció la estructura del Rosario tal como lo conocemos hoy, con 15 decenas de avemarías divididas en tres grupos de misterios: gozosos, dolorosos y gloriosos.

Siglo XX

Las apariciones de la Virgen en Fátima en 1917 subrayaron la importancia del Rosario. La Virgen María se apareció a tres niños pastores en Fátima, Portugal, y les pidió que rezaran el Rosario diariamente por la paz del mundo y la conversión de los pecadores. Las apariciones de Fátima ayudaron a revitalizar la devoción al Rosario en el siglo XX y a promover su práctica en todo el mundo.

El siglo XX también vio la publicación de numerosos documentos papales que promovieron el Rosario. El Papa León XIII, conocido como el "Papa del Rosario", escribió 12 encíclicas y numerosos otros documentos sobre el Rosario, animando a los fieles a recitarlo y meditar sobre sus misterios.

Siglo XXI

En 2002, el Papa Juan Pablo II añadió los Misterios Luminosos al Rosario en su carta apostólica *Rosarium Virginis Mariae*. Estos nuevos misterios se centran en la vida pública de Jesús y proporcionan una nueva dimensión a esta devoción. Los misterios luminosos incluyen el bautismo de Jesús en el Jordán, la boda de Caná, la proclamación del reino de dios, la transfiguración y la institución de la eucaristía.

Con esta adición, el Rosario ahora tiene cuatro grupos de cinco misterios cada uno: gozosos, dolorosos, gloriosos y luminosos. Cada grupo de misterios ofrece una meditación profunda sobre diferentes aspectos de la vida de Jesucristo y la Virgen María.

Estructura del Rosario

Oraciones iniciales

- **Dejar Señal de la Cruz:** Inicia el Rosario haciendo la señal de la cruz y diciendo: "En el nombre del Padre, del Hijo y del Espíritu Santo. Amén."
- **Credo:** Recita el Credo de los Apóstoles para profesar la fe.
- **Padrenuestro:** Se reza un Padre Nuestro.
- **Tres Avemarías:** Se rezan tres Avemarías, tradicionalmente para pedir el aumento de las virtudes de la fe, la esperanza y la caridad.
- **Gloria** Se concluye esta sección con un Gloria.

Los misterios

- **Misterios Gozosos.** Meditados los lunes y sábados, incluyen la Anunciación, la Visitación, el Nacimiento de Jesús, la Presentación en el Templo y el Encuentro en el Templo.
- **Misterios Dolorosos.** Meditados los martes y viernes, incluyen la Agonía en el Huerto, la Flagelación, la Coronación de Espinas, la Cruz a Cuestas y la Crucifixión.
- **Misterios Gloriosos.** Meditados los miércoles y domingos, incluyen la Resurrección, la Ascensión, la Venida del Espíritu Santo, la Asunción de María y la Coronación de María.

- **Misterios Luminosos.** Meditados los jueves, incluyen el Bautismo de Jesús en el Jordán, la Boda de Caná, la Proclamación del Reino de Dios, la Transfiguración y la Institución de la Eucaristía.

Cada misterio se medita rezando un Padre Nuestro, diez Ave Marías y un Gloria.

Las oraciones de cierre

- **Salve Reina:** Se reza la Salve Reina.
- **Letanías de la Virgen** (opcionalmente).
- **Oraciones Finales:** Pueden incluir otras oraciones de devoción mariana.
- **Oraciones Finales:** La señal de la cruz.

Importancia y significado

El Rosario es considerado una "escuela de oración" y un "compendio del Evangelio". A través de la repetición de las oraciones y la meditación sobre los misterios, los fieles son invitados a profundizar en los eventos clave de la vida de Jesús y María. Esta práctica de oración combina la recitación vocal con la meditación silenciosa, proporcionando una experiencia espiritual rica y profunda.

El Rosario también es una herramienta poderosa de intercesión. A lo largo de los siglos, muchos papas y santos han recomendado su recitación diaria. El Rosario ha sido asociado con innumerables gracias y milagros, y es una fuente de consuelo y fortaleza para los fieles en tiempos de dificultad.

Oraciones Iniciales del Santo Rosario

El rezo del Santo Rosario comienza con una serie de oraciones iniciales que preparan el corazón y la mente para la meditación de los misterios. Estas oraciones son:

1. La Señal de la Cruz:
En el nombre del Padre, y del Hijo, y del Espíritu Santo. Amén.
Esto nos recuerda nuestro bautismo y nos pone en la presencia de la Santísima Trinidad.

2. El Credo (Símbolo de los Apóstoles):
Creo en Dios, Padre Todopoderoso, creador del cielo y de la tierra. Y en Jesucristo, su único Hijo, Nuestro Señor, que fue concebido por obra y gracia del Espíritu Santo, nació de Santa María Virgen, padeció bajo el poder de Poncio Pilato, fue crucificado, muerto y sepultado, descendió a los infiernos, al tercer día resucitó de entre los muertos, subió a los cielos y está sentado a la derecha de Dios, Padre Todopoderoso. Desde allí ha de venir a juzgar a vivos y muertos. Creo en el Espíritu Santo, la Santa Iglesia Católica, la comunión de los santos, el

perdón de los pecados, la resurrección de la carne y la vida eterna. Amén.
Esta es una declaración de nuestra fe en los principales dogmas cristianos.

3. Un Padrenuestro:

Padre nuestro, que estás en el cielo, santificado sea tu Nombre; venga a nosotros tu reino; hágase tu voluntad en la tierra como en el cielo. Danos hoy nuestro pan de cada día; perdona nuestras ofensas, como también nosotros perdonamos a los que nos ofenden; no nos dejes caer en la tentación y líbranos del mal. Amén.
Esta oración, enseñada por Jesús, nos recuerda nuestra dependencia de Dios y la necesidad de vivir según su voluntad.

4. Tres Avemarías:

Dios te salve, María, llena eres de gracia; el Señor es contigo; bendita tú eres entre todas las mujeres, y bendito es el fruto de tu vientre, Jesús. Santa María, Madre de Dios, ruega por nosotros pecadores, ahora y en la hora de nuestra muerte. Amén.

Estos tres Avemarías se rezan pidiendo el crecimiento en las virtudes de la fe, la esperanza y la caridad.

5. Un Gloria:

Gloria al Padre, y al Hijo, y al Espíritu Santo. Como era en el principio, ahora y siempre, por los siglos de los siglos. Amén.

Esta oración es una doxología que nos invita a alabar a la Santísima Trinidad y reconocer su eterna gloria.

Al concluir estas oraciones iniciales, estamos preparados para entrar en la meditación de los Misterios del Rosario, contemplando los eventos de la vida de Jesús y María con devoción y amor.

Misterios de la Fe

En estas páginas, exploraremos los misterios del Santo Rosario, divididos en conjuntos que la tradición católica llama: los Misterios Gozosos, los Misterios Luminosos, los Misterios Dolorosos y los Misterios Gloriosos.

Los Misterios Gozosos

Los Misterios Gozosos se centran en los eventos de la infancia de Jesucristo y la alegría que trajeron al mundo. Se rezan los lunes y sábados.

1. La Anunciación: en este primer misterio, el ángel Gabriel anuncia a la Virgen María que será la madre del Hijo de Dios (Lucas 1:26-38). La humildad y la obediencia de María a la voluntad de Dios son ejemplares. Este misterio nos invita a reflexionar sobre nuestra propia disposición a aceptar la voluntad de Dios en nuestras vidas.

2. La Visitación de María: después de recibir la noticia del ángel, visita a su prima Isabel, que está embarazada de Juan el Bautista (Lucas 1:39-56). Este encuentro es un momento de alegría y reconocimiento mutuo de las bendiciones de Dios. La Visitación nos recuerda la importancia de la caridad y del servicio a los demás.

3. El Nacimiento de Jesús: este misterio celebra el nacimiento de Jesús en Belén (Lucas 2:1-20). La humildad del pesebre y la adoración de los pastores nos llevan a contemplar el misterio de la Encarnación y la simplicidad con la que Dios se revela a la humanidad.

4. La Presentación de Jesús en el Templo: a los cuarenta días de su nacimiento, Jesús es presentado en el Templo de Jerusalén (Lucas 2:22-38). En el niño, Simeón y Ana reconocen al Mesías prometido. Este misterio nos llama a dedicar nuestras vidas a Dios y a purificar nuestros corazones.

5. El Niño Jesús perdido y hallado en el Templo: a los doce años, Jesús se queda en Jerusalén mientras sus padres regresan a Nazaret, y lo encuentran discutiendo con los doctores de la ley en el Templo (Lucas 2:41-52). Este misterio nos enseña la importancia de buscar a Cristo en nuestra vida diaria y de priorizar nuestra relación con Dios.

Los Misterios Luminosos

Propuestos por el Papa Juan Pablo II en 2002, los Misterios Luminosos se rezan los jueves y se enfocan en la vida pública de Jesús y en la revelación del Reino de Dios.

1. El Bautismo de Jesús en el Jordán: Jesús es bautizado por Juan el Bautista en el río Jordán (Mateo 3:13-17). La voz del Padre y la presencia del Espíritu Santo revelan la identidad divina de Jesús. Este misterio nos llama a reflexionar sobre nuestro propio bautismo y nuestra identidad como hijos de Dios.

2. Las Bodas de Caná: en su primer milagro, Jesús convierte el agua en vino en una boda en Caná (Juan 2:1-12). Este acto manifiesta su poder divino y su deseo de bendecir la vida humana. Nos invita a confiar en la intercesión de María y en el poder transformador de Jesús.

3. El anuncio del Reino de Dios y la invitación a la conversión: Jesús predica el Evangelio y llama a la conversión (Marcos 1:14-15). Nos desafía a vivir de acuerdo con los valores del Reino de Dios y a buscar la justicia, la paz y el amor en nuestras vidas.

4. La Transfiguración: Jesús se transfigura en el monte Tabor, revelando su gloria divina a Pedro, Santiago y Juan (Mateo 17:1-9). Este misterio nos ofrece una visión anticipada de la gloria futura y nos anima a perseverar en la fe.

5. La institución de la Eucaristía: en la Última Cena, Jesús instituye la Eucaristía, dando su Cuerpo y Sangre como alimento espiritual (Lucas 22:14-20). Este misterio es el corazón de la vida sacramental de la Iglesia y nos invita a una profunda comunión con Cristo.

Los Misterios Dolorosos

Los Misterios Dolorosos nos llevan a contemplar el sufrimiento y la pasión de Cristo. Se rezan los martes y viernes.

1. La Oración de Jesús en el Huerto: Jesús ora en el huerto de Getsemaní, enfrentando el temor y la angustia ante su inminente pasión (Mateo 26:36-46). Este misterio nos enseña la importancia de la oración en momentos de sufrimiento y la entrega total a la voluntad de Dios.

2. La Flagelación de Jesús: Jesús es flagelado por orden de Pilato (Juan 19:1). En este misterio, contemplamos el dolor físico que Jesús soporta por nuestra salvación y reflexionamos sobre nuestra propia capacidad de soportar el sufrimiento con fe.

3. La Coronación de Espinas: Jesús es coronado con espinas y se burlan de él como rey (Mateo 27:27-31). Este misterio nos invita a considerar el desprecio y la humillación que Jesús sufrió y a ofrecer nuestras propias humillaciones en unión con él.

4. Jesús con la Cruz a cuestas: Jesús lleva su cruz camino al Calvario (Juan 19:17). En este misterio, meditamos sobre la carga de nuestros propios pecados y la invitación de Jesús a tomar nuestra cruz y seguirlo.

5. La Crucifixión y Muerte de Jesús: Jesús muere en la cruz por la redención del mundo (Lucas 23:33-46). Este misterio nos llama a una profunda gratitud por el sacrificio de Cristo y a una vida de amor y entrega.

Los Misterios Gloriosos

Los Misterios Gloriosos celebran la resurrección y la glorificación de Cristo y de María. Se rezan los miércoles y domingos.

1. La Resurrección de Jesús: Jesús resucita de entre los muertos, venciendo el pecado y la muerte (Mateo 28:1-10). Este misterio nos llena de esperanza en la vida eterna y nos llama a vivir en la alegría de la Resurrección.

2. La Ascensión de Jesús al Cielo: cuarenta días después de su Resurrección, Jesús asciende al cielo (Hechos 1:9-11). Este misterio nos recuerda que Jesús está sentado a la derecha del Padre y que intercede por nosotros.

3. La venida del Espíritu Santo en Pentecostés: el Espíritu Santo desciende sobre los apóstoles y María, llenándolos de poder y coraje para proclamar el Evangelio (Hechos 2:1-13). Este misterio nos invita a abrirnos a la acción del Espíritu Santo en nuestras vidas.

4. La Asunción de María al Cielo: María es asunta al cielo en cuerpo y alma (tradición de la Iglesia). Este misterio celebra la glorificación de María y nos da esperanza en nuestra propia resurrección.

5. La Coronación de María como Reina del Cielo y de la Tierra: María es coronada como Reina del Cielo y de la Tierra (tradición de la Iglesia). Este misterio nos invita a honrar a María como nuestra Madre y Reina y a buscar su intercesión.

El Santo Rosario es una herramienta poderosa para la meditación y la oración. A través de la contemplación de los misterios gozosos, luminosos, dolorosos y gloriosos, los fieles son llevados a una profunda reflexión de los eventos centrales de la vida de Cristo y de la Virgen María. Esta devoción no solo fortalece nuestra fe, sino que también nos ayuda a vivir más plenamente el amor de Dios en nuestras vidas diarias. Al rezar el Rosario, entramos en un diálogo íntimo con Dios, permitiendo que su gracia transforme nuestros corazones y nuestras vidas.

Oraciones de conclusión del Santo Rosario

Las siguientes oraciones pueden servir para finalizar el rezo del Santo Rosario. Pueden incluir otras oraciones de devoción mariana que encontrará en este libro. Se concluirá con la señal de la cruz.

Salve

Dios te salve, Reina y Madre de misericordia,
vida, dulzura y esperanza nuestra.
Dios te salve.
A ti clamamos los desterrados hijos de Eva,
a ti suspiramos, gimiendo y llorando en este valle de lágrimas.
Ea, pues, Señora Abogada Nuestra,
vuelve a nosotros tus ojos misericordiosos,
y después de este destierro, muéstranos a Jesús,
fruto bendito de tu vientre.
¡Oh, clemente! ¡Oh piadosa! ¡Oh, dulce Virgen María!
Ruega por nosotros, Santa Madre de Dios,
para que seamos dignos de alcanzar las promesas
de nuestro Señor Jesucristo.
Amén.

Letanías lauretanas en honor a la Virgen María Santísima

Señor, ten piedad.
Cristo, ten piedad.
Señor, ten piedad.
Cristo, óyenos.
Cristo, escúchanos.
Dios, Padre celestial,
ten piedad de nosotros (*repetir).
Dios, Hijo Redentor del mundo,*
Dios, Espíritu Santo,*
Trinidad Santa, un solo Dios…*

Santa María,
ruega por nosotros (*repetir).
Santa Madre de Dios,*
Santa Virgen de las vírgenes,*
Madre de Cristo,*
Madre de la Iglesia,*
Madre de la divina gracia,*
Madre purísima,*
Madre castísima,*
Madre virginal,*
Madre inmaculada,*
Madre amable,*

Madre admirable,*
Madre del buen consejo,*
Madre del Creador,*
Madre del Salvador,*
Virgen prudentísima,*
Virgen digna de veneración,*
Virgen digna de alabanza,*
Virgen poderosa,*
Virgen clemente,*
Virgen fiel,*
Espejo de justicia,*
Trono de sabiduría,*
Causa de nuestra alegría,*
Vaso espiritual,*
Vaso digno de honor,*
Vaso insigne de devoción,*
Rosa mística,*
Torre de David,*
Torre de marfil,*
Casa de oro,*
Arca de la alianza,*
Puerta del cielo,*
Estrella de la mañana,*
Salud de los enfermos,*
Refugio de los pecadores,*
Consuelo de los afligidos,*
Auxilio de los cristianos,*
Reina de los Ángeles,*

Reina de los Patriarcas,*
Reina de los Profetas,*
Reina de los Apóstoles,*
Reina de los Mártires,*
Reina de los Confesores,*
Reina de las Vírgenes,*
Reina de todos los Santos,*
Reina concebida sin pecado original,*
Reina asunta al cielo,*
Reina del Santísimo Rosario,*
Reina de la familia,*
Reina de la paz...*

Cordero de Dios que quitas el pecado del mundo,
perdónanos, Señor.
Cordero de Dios, que quitas el pecado del mundo,
escúchanos, Señor.
Cordero de Dios, que quitas el pecado del mundo,
ten misericordia de nosotros.

Ruega por nosotros, Santa Madre de Dios,
para que seamos dignos de alcanzar las promesas de nuestro Señor Jesucristo.
Amén.

Te pedimos, Señor, que nosotros, tus siervos, gocemos siempre de salud de alma y cuerpo, y, por la intercesión gloriosa de Santa María, la Virgen, líbranos de las tristezas de este mundo y concédenos las alegrías del cielo. Por Jesucristo nuestro Señor.

Amén.

Oración a la Virgen María (papa Francisco)

María, mujer de la escucha, haz que se abran nuestros oídos; que sepamos escuchar la Palabra de tu Hijo Jesús entre las miles de palabras de este mundo; haz que sepamos escuchar la realidad en la que vivimos, a cada persona que encontramos, especialmente a quien es pobre, necesitado, que tiene dificultades. María, mujer de la decisión, ilumina nuestra mente y nuestro corazón, para que sepamos obedecer a la Palabra de tu Hijo Jesús sin vacilaciones, danos la valentía de la decisión, de no dejarnos arrastrar para que otros orienten nuestra vida. María, mujer de la acción, haz que nuestras manos y nuestros pies se muevan "deprisa" hacia los demás, para llevar la caridad y el amor de tu Hijo Jesús, para llevar, como tú, la luz del Evangelio al mundo.
Amén.

Bajo tu amparo

Bajo tu amparo nos acogemos, Santa Madre de Dios. No desoigas nuestras súplicas en las necesidades que te presentamos, antes bien líbranos siempre de todos los peligros, Virgen gloriosa y bendita.

Bendita sea tu pureza
Bendita sea tu pureza
y eternamente lo sea;
pues todo un Dios se recrea
en tan graciosa belleza.
A ti, celestial Princesa,
Virgen Sagrada, María,
yo te ofrezco en este día:
alma, vida y corazón.
Mírame con compasión;
no me dejes, Madre mía.

Despedida

Ruega por nosotros, Santa Madre de Dios, para que seamos dignos de alcanzar las promesas de nuestro señor Jesucristo.
(Señal de la cruz)

En el nombre del Padre, y del Hijo, y del Espíritu Santo. Amén.

ORACIONES BÁSICAS

La señal de la cruz

En el nombre del Padre,
y del Hijo,
y del Espíritu Santo.
Amén.

Por la señal

Por la señal de la Santa Cruz
de nuestros enemigos
líbranos, Señor, Dios nuestro
En el nombre del Padre y del Hijo y del Espíritu Santo.
Amén.

Padre nuestro

Padre nuestro,
que estás en el cielo,
santificado sea tu nombre;
venga a nosotros tu reino;
hágase tu voluntad
en la tierra como en el cielo.

Danos hoy nuestro pan de cada día;
perdona nuestras ofensas,
como también nosotros perdonamos
a los que nos ofenden;
no nos dejes caer en la tentación
y líbranos del mal.
Amén.

Ave María

Dios te salve María,
llena eres de gracia,
el Señor es contigo;
bendita tú eres
entre todas las mujeres,
y bendito es el fruto
de tu vientre, Jesús.
Santa María, Madre de Dios,
ruega por nosotros, pecadores,
ahora y en la ahora
de nuestra muerte.
Amén.

Gloria

Gloria al Padre,
y al Hijo,
y al Espíritu Santo.
Como era en el principio,

ahora y siempre,
por los siglos de los siglos.
Amén.

Credo o Símbolo de los apóstoles

Creo en Dios Padre Todopoderoso,
Creador del cielo y de la tierra.
Creo en Jesucristo, su único Hijo, nuestro Señor,
que fue concebido por obra y gracia del Espíritu Santo,
nació de Santa María Virgen,
padeció bajo el poder de Poncio Pilato
fue crucificado, muerto y sepultado,
descendió a los infiernos,
al tercer día resucitó de entre los muertos,
subió a los cielos
y está sentado a la derecha de Dios, Padre Todopoderoso.
Desde allí ha de venir a juzgar a vivos y muertos.
Creo en el Espíritu Santo,
la Santa Iglesia Católica,
la comunión de los santos,
el perdón de los pecados,
la resurrección de la carne
y la vida eterna.
Amén.

Credo niceno

Creo en un solo Dios,
Padre todopoderoso,
Creador del cielo y de la tierra,
de todo lo visible y lo invisible.
Creo en un solo Señor, Jesucristo,
Hijo único de Dios,
nacido del Padre antes de todos los siglos:
Dios de Dios,
Luz de Luz,
Dios verdadero de Dios verdadero,
engendrado, no creado,
de la misma naturaleza del Padre,
por quien todo fue hecho;
que por nosotros los hombres,
y por nuestra salvación
bajó del cielo,
y por obra del Espíritu Santo
se encarnó de María, la Virgen,
y se hizo hombre;
y por nuestra causa fue crucificado
en tiempos de Poncio Pilato;
padeció y fue sepultado,
y resucitó al tercer día, según las Escrituras,
y subió al cielo,

y está sentado a la derecha del Padre;
y de nuevo vendrá con gloria
para juzgar a vivos y muertos,
y su reino no tendrá fin.
Creo en el Espíritu Santo,
Señor y dador de vida,
que procede del Padre y del Hijo,
que con el Padre y el Hijo
recibe una misma adoración y gloria,
y que habló por los profetas.
Creo en la Iglesia
que es una, santa, católica y apostólica.
Confieso que hay un solo bautismo
para el perdón de los pecados.
Espero la resurrección de los muertos
y la vida del mundo futuro.
Amén.

Ángel de Dios

Ángel de Dios,
que eres mi custodio,
pues la bondad divina
me ha encomendado a ti,
ilumíname, guárdame, defiéndeme
y gobiérname.
Amén.

Yo confieso

Yo confieso ante Dios Todopoderoso
y ante ustedes hermanos
que he pecado mucho
de pensamiento, palabra, obra y omisión.
Por mi culpa, por mi culpa, por mi gran culpa.
Por eso ruego a Santa María, siempre Virgen,
a los ángeles, a los santos y a ustedes hermanos
que intercedan por mí ante Dios, nuestro Señor.

Magníficat

Proclama mi alma la grandeza del Señor,
se alegra mi espíritu en Dios mi Salvador,
porque ha mirado la humillación de su esclava.
Desde ahora me felicitarán todas las generaciones
porque el Poderoso ha hecho obras grandes por mí.
Su nombre es santo y su misericordia
llega a sus fieles de generación en generación.
Él hace proezas con su brazo, dispersa a los soberbios de corazón.
Derriba del trono a los poderosos y enaltece a los humildes.
A los hambrientos los colma de bienes
y a los ricos los despide vacíos.
Auxilia a Israel, su siervo,
acordándose de su santa alianza

según lo había prometido a nuestros padres en favor de
Abrahán
y su descendencia por siempre.
Gloria al Padre y al Hijo y al Espíritu Santo
como era en el principio ahora y siempre
por los siglos de los siglos.
Amén.

Acto de fe

Señor Dios, creo firmemente y confieso todas y cada una de las verdades que la santa Iglesia católica propone, porque Tú nos las revelaste, oh, Dios, que eres la eterna Verdad y Sabiduría, que ni se engaña ni nos puede engañar. Quiero vivir y morir en esta fe.

Amén

Acto de esperanza

Señor Dios mío, espero por tu gracia la remisión de todos mis pecados; y después de esta vida, alcanzar la eterna felicidad, porque Tú lo prometiste que eres infinitamente poderoso, fiel, benigno y lleno de misericordia. Quiero vivir y morir en esta esperanza.

Amén.

Acto de caridad

Dios mío, te amo sobre todas las cosas
y al prójimo por ti,
porque Tú eres el infinito,
sumo y perfecto Bien, digno de todo amor.
Quiero vivir y morir en este amor.
Amén.

ORACIONES MATUTINAS

Para comenzar el día

Bendito Padre omnipotente,
te agradezco por este nuevo día,
ya que con el nacer del sol,
con mi despertar y con mi andanza por él,
tengo la ocasión de estar más cerca de ti,
de ser mejor servidor de lo que fui ayer.
Te agradezco por la familia en que me has puesto,
por mis amigos que me guían por el bien
y todo aquello que lleva por el camino hacia ti,
que representan algo positivo en mi vida.
Glorifica con tu Santo Espíritu, Señor,
cada uno de mis pasos,
para que sea ejemplo de tu buen corazón
a todos los que en el sendero encuentre.
Glorifica con tu Santo Espíritu, Señor,
mi lengua, mis labios y mi voz,
para que ellos sean defensores de tu palabra
y transmisores de la misma.
Funde en mis manos tu santa sangre, Señor,

que estén repletas de tu divina obediencia,
para que mi empleo sea bendecido.
Que sea tu dicha la que toque mi corazón,
y sea cadena universal el saber que soy tu fiel servidor,
y de dicha manera ser un instrumento de tu divina paz.
Pongo en tus manos todo lo que hoy soy y lo que seré,
para que me moldees a tu imagen y preferencia,
de tal manera de ser semejante a ti, por el bien de tu pueblo,
y para que tu nombre sea glorificado
en cada lugar que atraviese.
Te lo pido en el nombre del Padre, del Hijo y del Espíritu Santo.
Amén.

Para pedir protección

¡Oh, gloriosísimo San Miguel Arcángel,
príncipe y caudillo de los ejércitos celestiales,
custodio y defensor de las almas!,
guarda de la Iglesia,
vencedor, terror y espanto
de los rebeldes espíritus infernales.
Humildemente te rogamos te dignes librar de todo mal
a los que a ti recurrimos con confianza;
que tu favor nos ampare,
tu fortaleza nos defienda
y que, mediante tu incomparable protección,

adelantemos cada vez más en el servicio del Señor;
que tu virtud nos esfuerce todos los días de nuestra vida,
especialmente en el trance de la muerte,
para que, defendidos por tu poder
del infernal dragón y de todas sus asechanzas,
cuando salgamos de este mundo seamos presentados por ti,
libres de toda culpa, ante la Divina Majestad.
Amén.

Ofrecimiento de obras (San Ignacio de Loyola)

Toma, Señor, y recibe toda mi libertad,
mi memoria, mi entendimiento y toda mi voluntad;
todo mi haber y mi poseer.
Tú me lo diste, a Ti, Señor, lo retorno.
Todo es tuyo: dispón de ello según tu voluntad.
Dame Tu Amor y Gracia, que estas me bastan.
Amén.

ORACIONES VESPERTINAS

Para pedir perdón

Señor Jesús, perdona mis pecados,
porque te amo y te necesito para siempre.
Cubre con tu manto a mi familia,
mi hogar, mi empleo, mis sueños, mis proyectos
y a toda la gente que me quiere.
Dame salud.
Amén.

Al acostarse

Tú, Señor, que iluminas la noche
y haces que después de las tinieblas
amanezca nuevamente la luz,
haz que, durante la noche que ahora comienza,
nos veamos exentos de toda culpa
y que, al clarear el nuevo día,
podamos reunirnos otra vez en tu presencia
para darte gracias nuevamente.
Por nuestro Señor Jesucristo, tu Hijo,
quien contigo vive y reina en la unidad
del Espíritu Santo,
por los siglos de los siglos.
Amén.

Antes de dormirse

Ahora que el destello de la luz se apaga,
te imploramos, Creador,
con tu paternal misericordia,
que nos guardes bajo la luz de tu amor.
Que nuestros corazones sueñen contigo,
que en el sueño puedan sentirte.
Cantemos nuevamente tu gloria
al brillo de la mañana que va a surgir.
Concédenos salud en esta vida,
renueva nuestras energías;
ilumina con tu claridad
la terrible soledad de la noche.
Oh, Padre, escucha nuestras plegarias,
óyenos por Jesús, nuestro Señor,
que reina para siempre en tu gloria,
contigo y el Espíritu de Amor.
Amén.

Te doy gracias, Dios mío

Te doy gracias, Dios mío,
por todos los beneficios que hoy me has concedido.
Te pido perdón por todas las faltas
que hoy he cometido durante este día;
me pesa de todo corazón haberte ofendido
y propongo firmemente nunca más pecar,
ayudado de tu divina gracia.
Por Jesucristo nuestro Señor.
Amén.

Quédate con nosotros

Quédate con nosotros, Señor, esta noche.
Quédate para adorar, alabar y dar gracias
por nosotros mientras dormimos,
para hacer que baje del cielo
tu misericordia sobre el mundo,
para socorrer desde los tabernáculos de la tierra,
a las benditas almas del purgatorio
en su prolongada noche de sufrimientos y pena.
Quédate con nosotros para apartar la ira de Dios
de nuestras populosas ciudades,
con sus densísimas nubes de vicios
y crímenes que claman venganza al cielo.
Quédate con nosotros
para guardar a los inocentes,

para sostener a los tentados,
para levantar a los caídos,
para subyugar el poder del demonio,
para impedir el pecado.
Quédate con nosotros para confortar
a los que yacen en el lecho del dolor,
para dar construcción a los que mueren,
para recibir en los brazos de tu misericordia
las miles de almas que se presentarán ante Ti
esta noche para ser juzgadas.
¡Oh, Buen Pastor, quédate con tus ovejas,
defiéndelas de los peligros
que las rodean y amenazan!
Pero sobre todo quédate
con los que sufren
y con los agonizantes.
Danos una noche tranquila
y un fin perfecto.
Sé nuestro misericordioso Padre
hasta lo último, para que, sin temor,
podamos presentarnos delante de Ti
como nuestro juez.
Quédate, Señor, en mi corazón.
Así sea.

ORACIONES A DIOS (PADRE, HIJO Y ESPÍRITU SANTO)

Gloria a Dios (oración litúrgica)

Gloria a Dios en el cielo,
y en la tierra paz
a los hombres que ama el Señor.
Por tu inmensa gloria
te alabamos, te bendecimos,
te adoramos, te glorificamos,
te damos gracias, Señor Dios,
Rey celestial, Dios Padre Todopoderoso.
Señor, Hijo único, Jesucristo.
Señor Dios, Cordero de Dios, Hijo del Padre;
Tú que quitas el pecado del mundo,
ten piedad de nosotros;
Tú que quitas el pecado del mundo,
atiende nuestra súplica;
Tú que estás sentado a la derecha del Padre,
ten piedad de nosotros;
porque solo Tú eres Santo,

solo Tú Señor, solo Tú Altísimo, Jesucristo,
con el Espíritu Santo
en la gloria de Dios Padre.
Amén.

Te Deum (A ti, ¡oh Dios!)

A ti, ¡oh Dios!, te alabamos,
a ti, Señor, te reconocemos.
A ti, eterno Padre,
te venera toda la creación.
Los ángeles todos,
los cielos y todas las potestades te honran.
Los querubines y serafines
te cantan sin cesar:
Santo, Santo, Santo es el Señor,
Dios del universo.
Los cielos y la tierra
están llenos de la majestad de tu gloria.
A ti te ensalza
el glorioso coro de los apóstoles,
la multitud admirable de los profetas,
el blanco ejército de los mártires.
A ti la Iglesia santa,
extendida por toda la tierra, te proclama:
Padre de inmensa majestad,
Hijo único y verdadero, digno de adoración,
Espíritu Santo, Defensor.

Tú eres el Rey de la gloria, Cristo.
Tú eres el Hijo único del Padre.
Tú, para liberar al hombre,
aceptaste la condición humana
sin desdeñar el seno de la Virgen.
Tú, rotas las cadenas de la muerte,
abriste a los creyentes el reino del cielo.
Tú te sientas a la derecha de Dios
en la gloria del Padre.
Creemos que un día
has de venir como juez.
Te rogamos, pues,
que vengas en ayuda de tus siervos,
a quienes redimiste con tu preciosa sangre.
Haz que en la gloria eterna
nos asociemos a tus santos.
Salva a tu pueblo, Señor,
y bendice tu heredad.
Sé su pastor
y ensálzalo eternamente.
Día tras día te bendecimos
y alabamos tu nombre para siempre,
por eternidad de eternidades.
Dígnate, Señor, en este día
guardarnos del pecado.
Ten piedad de nosotros, Señor,
ten piedad de nosotros.
Que tu misericordia, Señor,

venga sobre nosotros,
como lo esperamos de ti.
En ti, Señor, confié,
no me veré defraudado para siempre.

Comunión espiritual

Creo, Jesús mío, que estás realmente presente en el Santísimo Sacramento del altar.
Te amo sobre todas las cosas
y deseo ardientemente recibirte dentro de mi alma,
pero no pudiendo hacerlo sacramentalmente,
ven al menos espiritualmente a mi corazón.
Quédate conmigo y no permitas que me separe de ti.

Dios mío, creo en ti

Dios mío, creo en ti, espero en ti,
te amo sobre todas las cosas
con toda mi alma,
con todo mi corazón,
con todas mis fuerzas;
te amo porque eres infinitamente bueno
y porque eres digno de ser amado;
y, porque te amo,
me pesa de todo corazón haberte ofendido:
ten misericordia de mí, pecador.
Amén.

Ven, Espíritu Santo Creador

Ven, Espíritu Creador,
visita las almas de los fieles
e inunda con tu gracia
los corazones que Tú creaste.
Espíritu de Sabiduría,
que conoces mis pensamientos más secretos
y mis deseos más íntimos, buenos y malos;
ilumíname y hazme conocer lo bueno para obrarlo,
y lo malo para detestarlo sinceramente.
Intensifica mi vida interior por el don de Entendimiento.
Aconséjame en mis dudas y vacilaciones por el don de Consejo.
Dame la energía necesaria en la lucha contra mis pasiones por el don de Fortaleza.
Envuelve todo mi proceder en un ambiente sobrenatural por el don de Ciencia.
Haz que me sienta hijo tuyo en todas las vicisitudes de la vida,
y acuda a Ti, cual niño con afecto filial, por el don de Piedad.
Concédeme que te venere y te ame cual lo mereces;
que ande con cautela en el sendero del bien,
guiado por el don del santo Temor de Dios;
que tema el pecado más que ningún otro mal;
que prefiera perderlo todo antes que tu gracia;
y que llegue un día a aquella feliz morada,

donde Tú serás nuestra luz y consuelo,
y, cual tierna madre, enjugas
"toda lágrima de nuestros ojos",
donde no hay llanto ni dolor alguno,
sino eterna felicidad.
Amén.

Ven Espíritu de Vida (Invocación al Espíritu Santo)

Ven Espíritu Santo,
llena los corazones de tus fieles
y enciende en ellos el fuego de tu amor.
Envía, Señor, tu Espíritu,
y se renovará la faz de la tierra.

Plegaria al Espíritu Santo

Espíritu Santo, Amor del Padre y del Hijo,
inspírame siempre lo que debo pensar,
lo que debo decir, cómo lo debo decir,
lo que debo callar, lo que debo escribir,
lo que debo hacer para obtener tu gloria,
el bien de las almas y mi propia santificación.

Oración al Espíritu Santo

¡Oh, Dios, que llenaste
los corazones de tus fieles
con la luz del Espíritu Santo!;
concédenos que, guiados por el mismo Espíritu,
sintamos con rectitud y gocemos siempre de tu consuelo.
Por Jesucristo nuestro Señor.
Amén

Oración breve al Espíritu Santo

Señor, envía tu Espíritu
para darnos vida nueva.
Ilumina nuestras ideas
y guía nuestra acción.
Que todo sea en Ti,
por Ti y como Tú quieras.
Amén.

Espíritu Santo, Alma de mi alma

Espíritu Santo, alma de mi alma,
yo te adoro, ilumíname, guíame,
fortifícame, consuélame,
dime lo que debo hacer.
Dispón de mí porque prometo obedecerte
y aceptar todo lo que permitas que me suceda.
Hazme conocer tan solo tu voluntad.
Amén.

Veni Creator

Ven, Espíritu Creador,
visita las almas de tus fieles
llena con tu divina gracia,
los corazones que creaste.

Tú, a quien llamamos Paráclito,
don de Dios Altísimo,
fuente viva, fuego,
caridad y espiritual unción.

Tú derramas sobre nosotros los siete dones;
Tú, dedo de la diestra del Padre;
Tú, fiel promesa del Padre;
que inspiras nuestras palabras.

Ilumina nuestros sentidos;
infunde tu amor en nuestros corazones;
y, con tu perpetuo auxilio,
fortalece la debilidad de nuestro cuerpo.

Aleja de nosotros al enemigo,
danos pronto la paz,
sé nuestro director y nuestro guía,
para que evitemos todo mal.

Por ti conozcamos al Padre,
al Hijo revélanos también;
Creamos en ti, su Espíritu,
por los siglos de los siglos.

Gloria a Dios Padre,
y al Hijo que resucitó,
y al Espíritu Consolador,
por los siglos de los siglos.
Amén.

Miradme, ¡oh mi amado y buen Jesús!

Miradme, ¡oh mi amado y buen Jesús!,
Postrado ante vuestra santísima presencia.
Os ruego con el mayor fervor, que imprimáis en mi corazón
vivos sentimientos de Fe, Esperanza y Caridad;
verdadero dolor de mis pecados, y propósito firmísimo de enmendarme;
mientras que yo, con todo el amor, y toda la compasión de mi alma,
voy considerando vuestras cinco llagas;
Teniendo presente aquello que dijo de Vos el santo profeta, David:
"Han taladrado mis manos y mis pies, y se pueden contar todos mis huesos".
(Salmo 21, 17-18)

Padre, me pongo en tus manos (P. Foucauld)

Padre, me pongo en tus manos.
Haz de mí lo que quieras,
sea lo que sea, te doy las gracias.
Lo acepto todo con tal que tu voluntad
se cumpla en mí y en todas tus criaturas.
No deseo nada más, Padre.
Yo te ofrezco mi alma
y te la doy con todo el amor de que soy capaz.
Porque deseo darme,
ponerme en tus manos,
con infinita confianza,
porque Tú eres mi Padre.

ORACIONES PARA LA CONFESIÓN

Señor mío, Jesucristo

Señor mío, Jesucristo,
Dios y Hombre verdadero,
Creador, Padre y Redentor mío;
por ser Vos quien sois, bondad infinita,
y porque os amo sobre todas las cosas,
me pesa de todo corazón de haberos ofendido;
también me pesa porque podéis castigarme
con las penas del infierno.
Ayudado de vuestra divina gracia,
propongo firmemente nunca más pecar,
confesarme y cumplir la penitencia que me fuere
impuesta.
Amén.

Oración para pedir gracia para llegar a confesarse con las disposiciones necesarias

Santísimo Dios, que estás siempre dispuesto favorablemente para recibir al pecador y perdonarle, poned vuestra vista en una alma que vuelve a Vos de buena fe, y que busca con qué lavar sus manchas en las aguas saludables de la penitencia. Alumbrad mi espíritu, a fin de que conozca yo todos mis pecados: encended mi corazón para que yo los deteste, mediante lo cual obtenga el perdón de ellos.

Acto de contrición para la confesión

Jesús, mi Señor y Redentor, yo me arrepiento de todos los pecados que he cometido hasta hoy, y me pesa de todo corazón, porque con ellos ofendí a un Dios tan bueno.

Propongo firmemente no volver a pecar y confío que por tu infinita misericordia me has de conceder el perdón de mis culpas y me has de llevar a la vida eterna.

Amén.

Oración para después de la confesión

Amantísimo Jesús, Dios y Redentor mío, yo os suplico por vuestra bondad infinita que me perdonéis los defectos con que hubiere recibido este santo sacramento de la penitencia. Dadme gracia, Señor, para la enmienda; dadme en los buenos propósitos perseverancia, en los deseos pureza, en las obras inocencia, en las virtudes favor; dadme gracia y espíritu para que en todo haga vuestra santa voluntad.

ORACIONES PARA LA SAGRADA COMUNIÓN

ANTES DE LA COMUNIÓN

Acto de adoración

¡Señor!, te adoro y te reconozco como mi Creador, Redentor y soberano Dueño.

Señor Jesucristo, Hijo de Dios vivo

Señor Jesucristo, Hijo de Dios vivo, que por la voluntad del Padre, cooperando el Espíritu Santo, por medio de tu muerte diste la vida al mundo: concédeme que la recepción de tu Cuerpo y Sangre me purifique de mis pecados y me proteja contra todos los peligros. Dame la gracia de vivir cumpliendo tus mandamientos y que nunca me separe de ti.

Señor Jesucristo, la comunión que haré con tu Cuerpo y con tu Sangre no sea para mí un motivo de juicio ni condenación; concédeme, bondadoso, que sirva para defensa de mi alma y de mi cuerpo y sea para mí medio de salvación.

Comunión espiritual

Yo quisiera, Señor, recibiros con aquella pureza, humildad y devoción con que os recibió vuestra Santísima Madre, con el espíritu y fervor de los Santos.

DESPUÉS DE LA COMUNIÓN

Alma de Cristo (San Ignacio de Loyola)

Alma de Cristo, santifícame.
Cuerpo de Cristo, sálvame.
Sangre de Cristo, embriágame.
Agua del costado de Cristo, lávame.
Pasión de Cristo, confórtame.
¡Oh, buen Jesús! Óyeme.
Dentro de tus llagas, escóndeme.
No permitas que me aparte de ti.
Del enemigo malo, defiéndeme.
En la hora de mi muerte, llámame.
Y mándame ir a ti,
Para que con tus santos te alabe,
Por los siglos de los siglos.
Amén.

Acto de fe

¡Señor mío Jesucristo! Creo que verdaderamente estás dentro de mí con tu Cuerpo, Sangre, Alma y Divinidad, y lo creo más firmemente que si lo viese con mis propios ojos.

Acto de adoración

¡Oh, Jesús mío!, te adoro presente dentro de mí, y me uno a María Santísima, a los ángeles y a los santos para adorarte como mereces.

Acto de acción de gracias

Te doy gracias, Jesús mío, de todo corazón, porque has venido a mi alma. Virgen Santísima, Ángel de mi guarda, ángeles y santos del cielo, dad por mí gracias a Dios.

Gracias, Señor, por la Eucaristía

Gracias, Señor, porque en la última cena partiste tu pan y vino en infinitos trozos, para saciar nuestra hambre y nuestra sed.

Gracias, Señor, porque en el pan y el vino nos entregas tu vida y nos llenas de tu presencia.

Gracias, Señor, porque nos amaste hasta el final, hasta el extremo que se puede amar: morir por otro, dar la vida por otro.

Gracias, Señor, porque quisiste celebrar tu entrega, en torno a una mesa con tus amigos, para que fuesen una comunidad de amor.

Gracias, Señor, porque en la eucaristía nos haces uno contigo, nos unes a tu vida, en la medida en que estamos dispuestos a entregar la nuestra.

Gracias, Señor, porque todo el día puede ser una preparación para celebrar y compartir la Eucaristía.

Gracias, Señor, porque todos los días puedo volver a empezar, y continuar mi camino de fraternidad con mis hermanos, y mi camino de transformación en ti.

Señor Jesucristo, Hijo De Dios vivo

Señor Jesucristo, Hijo de Dios vivo, que por voluntad del Padre, cooperando el Espíritu Santo, diste con tu muerte la vida al mundo, líbrame, por la recepción de tu Cuerpo y de tu Sangre, de todas mis culpas y de todo mal. Concédeme cumplir siempre tus mandamientos y jamás permitas que me separe de ti.

¡Oh, buen Jesús!

¡Oh, buen Jesús! Hoy has venido hasta mi pobre mansión.

Hoy, junto a mi corazón, tu corazón he sentido.

Hoy, como ave en el nido, descansé junto a tu altar, ¿qué me podrás hoy negar?

Haz que, limpia el alma mía, como hoy está, pueda un día hasta tu cielo llegar.

Eterno Padre, yo te agradezco

Eterno Padre, yo te agradezco porque tu infinito amor me ha salvado, aun contra mi propia voluntad. Gracias, Padre mío, por tu inmensa paciencia que me ha esperado. Gracias, Dios mío, por tu inconmensurable compasión que tuvo piedad de mí. La única recompensa que puedo darte en retribución de todo lo que me has dado es mi debilidad, mi dolor y mi miseria.

Estoy delante tuyo, Espíritu de Amor, que eres fuego inextinguible y quiero permanecer en tu adorable presencia, quiero reparar mis culpas, renovarme en el fervor de mi consagración y entregarte mi homenaje de alabanza y adoración.

Jesús bendito, estoy frente a Ti y quiero arrancar a tu Divino Corazón innumerables gracias para mí y para todas las almas, para la Santa Iglesia, tus sacerdotes y religiosos. Permite, oh, Jesús, que estas horas sean verdaderamente horas de intimidad, horas de amor en las cuales me sea dado recibir todas las gracias que tu corazón divino me tiene reservadas.

Virgen María, Madre de Dios y Madre mía, me uno a ti y te suplico me hagas partícipe de los sentimientos de tu Corazón Inmaculado.

¡Dios mío! Yo creo, adoro, espero y te amo. Te pido perdón por los que no creen, no adoran, no esperan y no te aman.

Santísima Trinidad, Padre, Hijo y Espíritu Santo, te adoro profundamente y te ofrezco el preciosísimo Cuerpo, Sangre, Alma y Divinidad de nuestro Señor Jesucristo, presente en todos los Sagrarios del mundo, en reparación de todos los ultrajes, sacrilegios e indiferencias con que Él mismo es ofendido. Y por los méritos infinitos de su Sacratísimo Corazón y del Inmaculado Corazón de María, te pido la conversión de los pobres pecadores.

¡Oh, Corazón eucarístico!

¡Oh, Corazón eucarístico; oh, amor soberano del Señor Jesús, que habéis instituido el augusto Sacramento para permanecer acá abajo en medio de nosotros, para dar a nuestras almas vuestra Carne como alimento y vuestra Sangre como celestial bebida! Nosotros creemos firmemente, ¡oh, Señor Jesús!, en este amor sumo que instituyó la Santísima Eucaristía, y aquí delante de esta Hostia es justo que adoremos este amor, que lo confesemos y lo ensalcemos como el gran centro de la vida de vuestra Iglesia. Este amor es para nosotros una invitación apremiante, para que Vos nos digáis: ¡Mirad cuánto os amo! Dando mi Carne como alimento y mi Sangre como bebida, quiero con este contacto excitar vuestra caridad y uniros a mí; quiero llevar a cabo la transformación (de vuestras almas en mí, que soy el crucificado, en mí, que soy el pan de la vida eterna); dadme, pues, vuestros corazones, vivid de mi vida, y viviréis de Dios. Nosotros lo reconocemos, ¡oh, Señor!, tal es el llamamiento de vuestro Corazón eucarístico, y os lo agradecemos, y queremos, sí, queremos corresponder a él. Otorgadnos la gracia de penetrarnos bien de este amor sumo, por el cual, antes de padecer, nos convidasteis a tomar y a comer vuestro sagrado Cuerpo. Grabad en el fondo de nuestras almas el propósito firme de ser fieles a esta invitación. Dadnos la devoción y la reverencia necesarias para honrar y recibir dignamente el don de vuestro Corazón eucarístico, este don de vuestro amor final. Así podamos nosotros con vuestra gracia celebrar de modo efectivo el recuerdo de vuestra Pasión, reparar nuestras ofensas y nuestras frialdades, alimentar y acrecentar nuestro amor a Vos, y conservar siempre viva en nuestros corazones la semilla de la bienaventurada inmortalidad. Así sea.

A la Santísima Virgen

Oh, María, Virgen y Madre Santísima, he recibido a tu Hijo amadísimo, que concebiste en tus inmaculadas entrañas, criándolo y alimentándolo con tu pecho, y lo abrazaste amorosamente en tus brazos. Al mismo que te alegraba contemplar y te llenaba de gozo, con amor y humildad te lo presento y te lo ofrezco, para que lo abraces, lo ames con tu corazón y lo ofrezcas a la Santísima Trinidad en culto supremo de adoración, por tu honor y por tu gloria, y por mis necesidades y por las de todo el mundo. Te ruego, piadosísima Madre, que me alcances el perdón de mis pecados y gracia abundante para servirte, desde ahora, con mayor fidelidad; y por último, la gracia de la perseverancia final, para que pueda alabarle contigo por los siglos de los siglos. Amén.

A San José

Custodio y padre de vírgenes, San José, a cuya fiel custodia fueron encomendadas la misma inocencia, Cristo Jesús, y la Virgen de las vírgenes, María. Por estas dos queridísimas prendas, Jesús y María, te ruego y te suplico me alcances que, preservado de toda impureza, sirva siempre con alma limpia, corazón puro y cuerpo casto a Jesús y a María. Amén.

DEVOCIONES Y ADVOCACIONES

Novena en honor del sacramento de la Sagrada Eucaristía

Te doy gracias, Jesús, mi Dios y Redentor, por haber venido al mundo para salvarnos; por instituir el admirable Sacramento de la Eucaristía y quedarte con nosotros hasta el fin del mundo. Te doy gracias por haber ocultado bajo las especies eucarísticas tu infinita majestad y hermosura, cuya contemplación hace las delicias de los ángeles. Así me inspiras confianza para acercarme al trono de tu misericordia.

Te doy gracias, Jesús mío, porque te me das a Ti mismo en el Santísimo Sacramento y tanto lo enriqueces con el tesoro de tu amor que no hay otro don mayor para mí. Te doy gracias por haberte hecho alimento para mí y ofrecerte constantemente en sacrificio a tu eterno Padre por mi salvación.

Te doy gracias a Ti, Dios y Sacerdote, por ofrecerte a Ti mismo como sacrificio diariamente sobre nuestros altares en adoración y homenaje a la Santísima Trinidad, perfeccionando nuestra pobre y defectuosa adoración. Te doy gracias por actualizar aquí diariamente el sacrificio de la cruz ofrecido en el Calvario, así satisfaces por nosotros, pobres pecadores, a la Divina Justicia.

Te doy gracias, Jesús amadísimo, por haberte hecho la víctima inapreciable que merece plenitud de favores celestiales. Despierta en mí tal confianza que desciendan gracias cada vez más abundantes y fructuosas sobre mi alma. Te vivo agradecido por ofrecerte a Ti mismo en acción de gracias a Dios por todos los beneficios espirituales y temporales que Él me ha otorgado.

En unión con tu propio ofrecimiento en el santo sacrificio de la misa te pido esta gracia particular: [*mencionar el favor deseado*].

Concédemelo, si es conforme a tu santa voluntad. Quiero también recibir de Ti la gracia de perseverar en tu amor y servicio fielmente, una santa muerte y la eternidad contigo en el cielo.

Amén.

Coronilla a Jesús de la Misericordia

(*Para rezar la Coronilla de la Misericordia se usa un rosario normal*)

Oraciones preparatorias
En el nombre del Padre,
y del Hijo,

y del Espíritu Santo.
Amén.

Padre nuestro,
que estás en el cielo,
santificado sea tu nombre;
venga a nosotros tu reino;
hágase tu voluntad
en la tierra como en el cielo.
Danos hoy nuestro pan de cada día;
perdona nuestras ofensas,
como también nosotros perdonamos
a los que nos ofenden;
no nos dejes caer en la tentación
y líbranos del mal.
Amén.

Dios te salve María,
llena eres de gracia,
el Señor es contigo;
bendita tú eres
entre todas las mujeres,
y bendito es el fruto
de tu vientre, Jesús.
Santa María, Madre de Dios,
ruega por nosotros, pecadores,
ahora y en la ahora
de nuestra muerte.
Amén.

Gloria al Padre,
y al Hijo,
y al Espíritu Santo.
Como era en el principio,
ahora y siempre,
por los siglos de los siglos.
Amén.

Coronilla

Antes de cada decena (cuentas grandes del padrenuestro):
Padre Eterno, te ofrezco el Cuerpo y la Sangre, el Alma y la Divinidad de tu Amadísimo Hijo, nuestro Señor Jesucristo, como propiciación de nuestros pecados y los del mundo entero.

Decena (por cada cuenta de la decena):
Por su dolorosa Pasión, ten misericordia de nosotros y del mundo entero.

Oraciones finales

Santo Dios, Santo Fuerte, Santo Inmortal, ten piedad de nosotros y del mundo entero. (*repetir tres veces*)

Jesús, en ti confío (*repetir tres veces*)

Oración opcional:
¡Oh Dios Eterno!, en quien la misericordia es infinita y el tesoro de compasión inagotable, vuelve a nosotros tu

mirada bondadosa y aumenta tu misericordia en nosotros, para que en momentos difíciles no nos desesperemos ni nos desalentemos, sino que, con gran confianza, nos sometamos a tu santa voluntad, que es el amor y la misericordia mismos.

Oración al Sagrado Corazón de Jesús

Oh, divino Jesús que dijiste: "Pedid y recibiréis; buscad y encontraréis; llamad y se os abrirá; porque todo el que pide recibe, y el que busca encuentra, y a quien llama se le abre". Mírame postrado a tus plantas suplicándote me concedas una audiencia. Tus palabras me infunden confianza, sobre todo ahora que necesito que me hagas un favor:

[*Se ora en silencio pidiendo el favor*].

¿A quién he de pedir, sino a Ti, cuyo corazón es un manantial inagotable de todas las gracias y dones? ¿Dónde he de buscar sino en el tesoro de tu corazón, que contiene todas las riquezas de la clemencia y generosidad divinas? ¿A dónde he de llamar sino a la puerta de ese Corazón Sagrado, a través del cual Dios viene a nosotros, y por medio del cual vamos a Dios?

A Ti acudimos, ¡oh Corazón de Jesús!, porque en Ti encontramos consuelo, cuando afligidos y perseguidos pedimos protección; cuando, abrumados por el peso de nuestra cruz, buscamos ayuda; cuando la angustia, la enfermedad, la pobreza o el fracaso nos impulsan a buscar una fuerza superior a las fuerzas humanas.

Creo firmemente que puedes concederme la gracia que imploro, porque tu misericordia no tiene límites y confío en que tu corazón compasivo encontrará en mis miserias, en mis tribulaciones y en mis angustias un motivo más para oír mi petición.

Quiero que mi corazón esté lleno de la confianza con que oró el centurión romano en favor de su criado; de la confianza con que oraron las hermanas de Lázaro, los leprosos, los ciegos, los paralíticos que se acercaban a Ti porque sabían que tus oídos y tu corazón estaban siempre abiertos para oír y remediar sus males.

Sin embargo, dejo en tus manos mi petición, sabiendo que Tú sabes las cosas mejor que yo; y que, si no me concedes esta gracia que te pido, sí me darás en cambio otra que mucho necesita mi alma; y me concederás mirar las cosas, mi situación, mis problemas, mi vida entera, desde otro ángulo, con más espíritu de fe.

Cualquiera que sea tu decisión, nunca dejaré de amarte, adorarte y servirte, ¡oh buen Jesús!

Acepta este acto mío de perfecta adoración y sumisión a lo que decrete tu corazón misericordioso.

Amén.

¡Oh, Corazón Sacratísimo de Jesús!

¡Oh, Corazón Sacratísimo de Jesús!, rasgado por el hierro de la lanza, como puerta abierta del Paraíso cuya entrada nos franquean los méritos de tu Pasión santísima!; en unión del Corazón Inmaculado de tu Madre, que te ha amado más que todos los ángeles y hombres, te adoro, te amo cuanto me es posible por las soberanas perfecciones que te adornan; y, para hacer más eficaz mi amor, te ofrezco la promesa que hago de propagar cuanto me sea posible el reinado de tu Divino Corazón y la obediencia a tu Santa Iglesia y a sus representantes. Dame, Señor, por la intercesión del Corazón de tu Madre, que lo es también mía, la perseverancia final en tu gracia y en la fe de la Iglesia Católica, a fin de vivir morir y reinar eternamente en la morada deliciosa de tu dulcísimo corazón. Amén.

Letanías del Santísimo Nombre de Jesús

Señor, ten piedad de nosotros.
Cristo, ten piedad de nosotros.
Señor, ten piedad de nosotros.

Cristo, óyenos.
Cristo, escúchanos.

Dios, Padre Celestial,
ten piedad de nosotros (*repetir).
Dios Hijo, Redentor del mundo,*
Dios, Espíritu Santo,*
Santísima Trinidad, que eres un solo Dios,*

Jesús, hijo de Dios vivo,
ten piedad de nosotros (*repetir).
Jesús, esplendor del Padre,*
Jesús, pureza de la luz eterna,*
Jesús, rey de la gloria,*
Jesús, sol de justicia,*
Jesús, hijo de la Virgen María,*
Jesús, amable,*
Jesús, admirable, *
Jesús, Dios fuerte,*
Jesús, padre del siglo futuro,*
Jesús, mensajero del plan divino,*
Jesús, todopoderoso,*
Jesús, pacientísimo,*
Jesús, obedientísimo,*
Jesús, manso y humilde de corazón,*
Jesús, amante de la castidad,*
Jesús, amador nuestro,*
Jesús, Dios de paz,*
Jesús, autor de la vida,*
Jesús, modelo de las virtudes,*
Jesús, celoso de la salvación de las almas,*
Jesús, nuestro Dios,*
Jesús, nuestro refugio,*
Jesús, padre de los pobres,*
Jesús, tesoro de los fieles,*
Jesús, pastor bueno,*
Jesús, verdadera luz,*

Jesús, sabiduría eterna,*
Jesús, bondad infinita,*
Jesús, camino y vida nuestra,*
Jesús, alegría de los ángeles,*
Jesús, rey de los patriarcas,*
Jesús, maestro de los apóstoles,*
Jesús, doctor de los evangelistas,*
Jesús, fortaleza de los mártires,*
Jesús, luz de los confesores,*
Jesús, pureza de las vírgenes,*
Jesús, corona de todos los santos…*

Sénos propicio;
perdónanos, Jesús.
Sénos propicio;
escúchanos, Jesús.

De todo mal,
líbranos, Jesús (*repetir).
De todo pecado,*
De tu ira,*
De las asechanzas del demonio,*
Del espíritu impuro,*
De la muerte eterna,*
Del menosprecio de tus inspiraciones,*
Por el misterio de tu santa encarnación,*
Por tu natividad,*
Por tu infancia,*

Por tu vida divina,*
Por tus trabajos,*
Por tu agonía y pasión,*
Por tu cruz y desamparo,*
Por tus sufrimientos,*
Por tu muerte y sepultura,*
Por tu resurrección,*
Por tu ascensión,*
Por tu institución de la Santísima Eucaristía,*
Por tus gozos,*
Por tu gloria,*

Cordero de Dios, que quitas el pecado del mundo,
perdónanos, Señor.
Cordero de Dios, que quitas el pecado del mundo,
óyenos, Señor.
Cordero de Dios, que quitas el pecado del mundo,
ten piedad de nosotros.

Jesús, óyenos.
Jesús, escúchanos.

Te pedimos, Señor, que quienes veneremos el Santísimo Nombre de Jesús disfrutemos en esta vida de la dulzura de su gracia y de su gozo eterno en el cielo.
Por Jesucristo nuestro Señor.
Amén.

Letanía del Sagrado Corazón de Jesús

Señor, ten piedad de nosotros.
Cristo, ten piedad de nosotros.
Señor, ten piedad de nosotros.

Cristo, óyenos.
Cristo, escúchanos.

Dios, Padre Celestial,
ten piedad de nosotros (*repetir).
Dios Hijo, Redentor del mundo,*
Dios, Espíritu Santo,*
Santísima Trinidad, que eres un solo Dios,*

Corazón de Jesús, Hijo del eterno Padre,*
Corazón de Jesús, formado en el seno de la Virgen Madre por el Espíritu Santo,*
Corazón de Jesús, unido sustancialmente al Verbo de Dios,*
Corazón de Jesús, de majestad infinita,*
Corazón de Jesús, templo santo de Dios,*
Corazón de Jesús, tabernáculo del Altísimo,*
Corazón de Jesús, casa de Dios y puerta del cielo,*
Corazón de Jesús, horno ardiente de caridad,*
Corazón de Jesús, santuario de la justicia y del amor,*
Corazón de Jesús, lleno de bondad y de amor,*
Corazón de Jesús, abismo de todas las virtudes,*

Corazón de Jesús, digno de toda alabanza,*
Corazón de Jesús, Rey y centro de todos los corazones,*
Corazón de Jesús, en quien se hallan todos los tesoros de la sabiduría y de la ciencia,*
Corazón de Jesús, en quien reside toda la plenitud de la divinidad,*
Corazón de Jesús, en quien el Padre se complace,*
Corazón de Jesús, de cuya plenitud todos hemos recibido,*
Corazón de Jesús, deseado de los eternos collados,*
Corazón de Jesús, paciente y lleno de misericordia,*
Corazón de Jesús, generoso para todos los que te invocan,*
Corazón de Jesús, fuente de vida y santidad,*
Corazón de Jesús, propiciación por nuestros pecados,*
Corazón de Jesús, triturado por nuestros pecados,*
Corazón de Jesús, hecho obediente hasta la muerte,*
Corazón de Jesús, traspasado por una lanza,*
Corazón de Jesús, fuente de todo consuelo,*
Corazón de Jesús, vida y resurrección nuestra,*
Corazón de Jesús, paz y reconciliación nuestra,*
Corazón de Jesús, víctima por los pecadores,*
Corazón de Jesús, salvación de los que en Ti esperan,*
Corazón de Jesús, esperanza de los que en Ti mueren,*
Corazón de Jesús, delicia de todos los santos…*

Cordero de Dios, que quitas el pecado del mundo,
perdónanos, Señor.
Cordero de Dios, que quitas el pecado del mundo,
escúchanos, Señor.

Cordero de Dios, que quitas el pecado del mundo,
ten piedad de nosotros.

Jesús, manso y humilde de Corazón,
haz nuestro corazón semejante al tuyo.

Oh, Dios todopoderoso y eterno, mira el Corazón de tu amantísimo Hijo, las alabanzas y satisfacciones que en nombre de los pecadores te ofrece y concede el perdón a éstos que piden misericordia en el nombre de tu mismo Hijo, Jesucristo, el cual vive y reina contigo por los siglos de los siglos.

Amén.

ORACIONES A LA SANTÍSIMA VIRGEN MARÍA

Salve

Dios te salve, Reina y Madre de misericordia,
vida, dulzura y esperanza nuestra.
Dios te salve.
A ti clamamos los desterrados hijos de Eva,
a ti suspiramos, gimiendo y llorando en este valle de lágrimas.
Ea, pues, Señora Abogada Nuestra,
vuelve a nosotros esos tus ojos misericordiosos,
y después de este destierro, muéstranos a Jesús,
fruto bendito de tu vientre.
¡Oh, clemente! ¡Oh piadosa! ¡Oh, dulce Virgen María!
Ruega por nosotros, Santa Madre de Dios,
para que seamos dignos de alcanzar las promesas
de nuestro Señor Jesucristo.
Amén.

Consagración a Nuestra Señora

Oh, Señora mía,
oh, Madre mía:
yo me ofrezco enteramente a ti,
y en prueba de mi filial afecto,
te consagro en este día [*tarde o noche*]
y para siempre, mis ojos, mis oídos,
mi lengua, mi corazón, en una palabra,
todo mi ser, ya que soy todo tuyo,
oh, Madre de bondad,
guárdame y defiéndeme,
como cosa y posesión tuya.
Amén.

Ángelus

El ángel del Señor anunció a María.
Y concibió por obra y gracia del Espíritu Santo.

Dios te salve, María…

He aquí la esclava del Señor.
Hágase en mí según tu palabra.

Dios te salve, María…

Y el Verbo de Dios se hizo carne.
Y habitó entre nosotros.

Dios te salve, María…

Ruega por nosotros,
Santa Madre de Dios,
para que seamos dignos de alcanzar
las promesas de Jesucristo.

Oremos

Infunde, Señor,
tu gracia en nuestras almas,
para que, los que hemos conocido,
por el anuncio del Ángel,
la Encarnación de tu Hijo Jesucristo,
lleguemos por los Méritos de su Pasión y su Cruz, a la gloria de la Resurrección.
Por Jesucristo nuestro Señor.
Amén.

Gloria al Padre…

Regina Caeli

Reina del cielo alégrate; aleluya.
Porque el Señor a quien has merecido llevar; aleluya.
Ha resucitado según su palabra; aleluya.
Ruega al Señor por nosotros; aleluya.
Gózate y alégrate, Virgen María; aleluya.

Porque verdaderamente ha resucitado el Señor; aleluya.

Oremos

¡Oh Dios!, que por la resurrección de tu Hijo, nuestro Señor Jesucristo, has llenado el mundo de alegría, concédenos, por intercesión de su Madre, la Virgen María, llegar a alcanzar los gozos eterno. Por nuestro Señor Jesucristo.

Amén.

Acordaos (*Memorare* de San Bernardo de Claraval)

Acordaos, ¡oh piadosísima Virgen María!, que jamás se ha oído decir que ninguno de los que han acudido a vuestra protección, implorando vuestra asistencia y reclamando vuestro socorro, haya sido desamparado.
Animado con esta confianza, a Vos acudo, ¡oh Madre, Virgen de las vírgenes! Y gimiendo bajo el peso de mis pecados, me atrevo a comparecer ante Vos; no desechéis mis súplicas, antes bien escuchadlas y acogedlas benignamente.

Amén.

Bajo tu amparo

Bajo tu amparo nos acogemos, Santa Madre de Dios. No desoigas nuestras súplicas en las necesidades que te presentamos, antes bien líbranos siempre de todos los peligros, Virgen gloriosa y bendita.

Bendita sea tu pureza

Bendita sea tu pureza
y eternamente lo sea;
pues todo un Dios se recrea
en tan graciosa belleza.
A ti, celestial Princesa,
Virgen Sagrada, María,
yo te ofrezco en este día:
alma, vida y corazón.
Mírame con compasión;
no me dejes, Madre mía.

¡Oh, Señora mía!

¡Oh, Señora mía! ¡Oh, Madre mía! Yo me ofrezco enteramente a Vos; y en prueba de mi filial afecto os consagro, en este día, mis ojos, mis oídos, mi lengua, mi corazón; en una palabra: todo mi ser.

Ya que soy todo vuestro, Madre de bondad, guardadme y defendedme como cosa y posesión vuestra.

Oración a la Virgen María (papa Francisco)

María, mujer de la escucha, haz que se abran nuestros oídos; que sepamos escuchar la Palabra de tu Hijo Jesús entre las miles de palabras de este mundo; haz que sepamos escuchar la realidad en la que vivimos, a cada persona que encontramos, especialmente a quien es pobre, necesitado, que tiene dificultades.

María, mujer de la decisión, ilumina nuestra mente y nuestro corazón, para que sepamos obedecer a la Palabra de tu Hijo Jesús sin vacilaciones, danos la valentía de la decisión, de no dejarnos arrastrar para que otros orienten nuestra vida.

María, mujer de la acción, haz que nuestras manos y nuestros pies se muevan "deprisa" hacia los demás, para llevar la caridad y el amor de tu Hijo Jesús, para llevar, como tú, la luz del Evangelio al mundo.

Amén.

Oración a la Inmaculada Concepción

¡Virgen Santísima, que agradaste al Señor y fuiste su Madre; inmaculada en el cuerpo, en el alma, en la fe y en el amor! Por piedad, vuelve benigna los ojos a los fieles que imploran tu poderoso patrocinio. La maligna serpiente, contra quien fue lanzada la primera maldición, sigue combatiendo con furor y tentando a los miserables hijos de Eva. ¡Ea, bendita Madre, nuestra Reina y Abogada, que desde el primer instante de tu concepción quebrantaste la cabeza del enemigo! Acoge las súplicas de los que, unidos a ti en un solo corazón, te pedimos las presentes ante el trono del Altísimo para que no caigamos nunca en las emboscadas que se nos preparan; para que todos lleguemos al puerto de salvación, y, entre tantos peligros, la Iglesia y la sociedad canten de nuevo el himno del rescate, de la victoria y de la paz.

Amén.

Consagración a María

Madre del Redentor, Virgen fecunda,
Puerta del cielo siempre abierta,
Estrella del mar,
ven a librar al pueblo que tropieza
y quiere levantarse.
Ante la admiración de cielo y tierra,
engendraste a tu santo Creador,
y permaneces siempre Virgen,
recibe el saludo del ángel Gabriel,
y ten piedad de nosotros pecadores.

ORACIONES DE ADVIENTO

Oración del primer domingo de Adviento

Sugerencia para celebración sencilla de los cuatro domingos de adviento.

1. Guía: En el nombre del Padre y del Hijo y del Espíritu Santo.

   Reconozcamos ante Dios que somos pecadores.

   Yo confieso ante Dios todopoderoso...
2. Lectura del santo evangelio según San Marcos 13, 33. Breve pausa para meditar. Reflexión. Culmina con reflexión por parte del guía.
3. Encendido de la primera vela. Oración por parte del guía: Encendemos, Señor, esta luz, como aquel que enciende su lámpara para salir, en la noche, al encuentro del amigo que ya viene. En esta primera semana de Adviento queremos levantarnos para esperarte preparados, para recibirte con alegría. Muchas sombras nos envuelven. Muchos halagos nos adormecen. Queremos estar despiertos y vigilantes, porque Tú traes la luz más clara,

la paz más profunda y la alegría más verdadera. ¡Ven, Señor Jesús! ¡Ven, Señor Jesús!

4. *Padre Nuestro...*
5. Guía: Ven, Señor, haz resplandecer tu rostro sobre nosotros.

    Todos: Y seremos salvados. Amén.

Oración del segundo domingo de Adviento

1. Guía: En el nombre del Padre y del Hijo y del Espíritu Santo.

    Reconozcamos ante Dios que somos pecadores.

    Yo confieso ante Dios todopoderoso...
2. Lectura de la Segunda Carta de San Pedro 3,13-14. Breve pausa para meditar. Reflexión. Culmina con reflexión por parte del guía.
3. Encendido de la segunda vela. Oración por parte del guía: Los profetas mantenían encendida la esperanza de Israel. Nosotros, como un símbolo, encendemos estas dos velas. Que cada uno de nosotros, Señor, te abra su vida para que brotes, para que florezcas, para que nazcas y mantengas en nuestro corazón encendida la esperanza. ¡Ven pronto, Señor! ¡Ven, Salvador!
4. *Padre Nuestro...*
5. Guía: Ven, Señor, haz resplandecer tu rostro sobre nosotros.

    Todos: Y seremos salvados. Amén.

Oración del tercer domingo de Adviento

1. Guía: En el nombre del Padre y del Hijo y del Espíritu Santo.

Reconozcamos ante Dios que somos pecadores.

Yo confieso ante Dios todopoderoso…

2. Lectura de la Primera Carta a los Tesalonicenses 3, 12-13. Breve pausa para meditar. Reflexión. Culmina con reflexión por parte del guía.
3. Encendido de las tres velas. Oración por parte del guía: En las tinieblas se encendió una luz, en el desierto clamó una voz. Se anuncia la buena noticia: ¡El Señor va a llegar! ¡Preparen sus caminos, porque ya se acerca! Adornen su alma como una novia se engalana el día de su boda. ¡Ya llega el mensajero! Juan Bautista no es la luz, sino el que nos anuncia la luz.

   Cuando encendemos estas tres velas cada uno de nosotros quiere ser antorcha tuya para que brilles, llama para que calientes. ¡Ven, Señor, a salvarnos, envuélvenos en tu luz, caliéntanos en tu amor!
4. *Padre Nuestro…*
5. Guía: Ven, Señor, haz resplandecer tu rostro sobre nosotros.

   Todos: Y seremos salvados. Amén.

Oración del cuarto domingo de Adviento

1. Guía: En el nombre del Padre y del Hijo y del Espíritu Santo.

    Guía: Nuestro auxilio es en el nombre del Señor.

    Todos: Que hizo el cielo y la tierra.

2. Lectura de la Carta a los Romanos 13, 13-14. Breve pausa para meditar.

    Todos: Te alabamos Señor.

    Lectura de la Segunda Carta a los Tesalonicenses 1,6-7.

    Guía: Ven, Señor, y no tardes.

    Todos: Perdona los pecados de tu pueblo.

3. Encendido de las cuatro velas. Meditación por parte del guía.
4. *Padre Nuestro…*
5. Guía: Derrama, Señor, tu gracia sobre nosotros, que, por el anuncio del ángel, hemos conocido la encarnación de tu Hijo, para que lleguemos por su Pasión y su cruz a la gloria de la resurrección. Por nuestro Señor Jesucristo.

    Todos: Amén.

ORACIONES PARA CUARESMA Y SEMANA SANTA

Oración a Jesús Nazareno

¡Dulcísimo Jesús Nazareno,
Dios y Redentor mío,
que llevando sobre tus hombros la cruz,
caminas al Calvario para ser en ella clavado!
Yo, pobre pecador, soy
la causa de tu Pasión dolorosísima.
Te alabo y te doy gracias,
porque como manso cordero recibiste
sobre tus hombros el madero de tu suplicio,
para expiar en él mis pecados
y los del mundo entero.
Perdóname, ¡oh, buen Jesús!
Reconozco mis culpas y tu bondad
inmensa al borrarlas con tu preciosa Sangre.
Te amo sobre todas las cosas
y prometo serte fiel hasta la muerte.
Sostenme, ¡oh buen Jesús!,

con tu gracia y condúceme por el camino
de tus mandamientos a tu Reino celestial.
Así sea.

Oración a la Virgen de los Dolores

Oh, María, Madre de Jesucristo y Madre nuestra, tú que estás junto a nuestras cruces como permaneciste junto a la de Jesús, sostén nuestra fe, para que, aunque estemos inmersos en el dolor, mantengamos la mirada fija en el rostro de Cristo, en quien, durante el sufrimiento extremo de la cruz, se manifestó el amor inmenso de Dios. Madre de nuestra esperanza, danos tus ojos para ver más allá del sufrimiento y de la muerte, la luz de la Resurrección. Danos un corazón sensible para seguir amando y sirviendo también en medio de las pruebas. ¡Oh María Madre, Virgen de los Dolores!, ruega por nosotros para que cuando el dolor nos visite logremos decir: "Hágase tu voluntad". Amén.

Vía Crucis

Oraciones preparatorias
Señal de la cruz
Acto de contrición (Señor mío, Jesucristo…)

Estructura
Se anuncia la estación y se hace una breve reflexión y oración.

Al finalizar cada estación, se reza la siguiente fórmula:
V: Te adoramos, Cristo y te bendecimos.
R: Porque por tu santa Cruz redimiste al mundo.
Padrenuestro, avemaría y gloria

Estaciones
I Estación. Jesús es condenado a muerte
II Estación. Jesús con la cruz a cuestas
III Estación. Jesús cae por primera vez
IV Estación. Jesús encuentra a su Madre
V Estación. El Cireneo ayuda a Jesús a llevar la cruz
VI Estación. La Verónica enjuga el rostro de Jesús
VII Estación. Jesús cae por segunda vez
VIII Estación. Jesús encuentra a las mujeres
IX Estación. Jesús cae por tercera vez
X Estación. Jesús es despojado de sus vestiduras
XI Estación. Jesús es clavado en la cruz
XII Estación. Jesús muere en la cruz
XIII Estación. Jesús es bajado de la cruz
XIV Estación. Jesús es puesto en el sepulcro

Oración final:
Señor mío Jesucristo, que con tu Pasión y muerte diste vida al mundo, líbranos de todas nuestras culpas y de toda inclinación al mal, concédenos vivir apegados a tus mandamientos y jamás permitas que nos separemos de Ti. Tú que vives y reinas por los siglos de los siglos.

Amén.

Las Cinco Llagas

Al estar de rodillas ante vuestra imagen sagrada, ¡oh Salvador mío!, mi conciencia me dice que yo he sido el que os ha clavado en la cruz, con estas mis manos, todas las veces que he osado cometer un pecado mortal.

Dios mío, mi amor y mi todo, digno de toda alabanza y amor, viendo cómo tantas veces me habéis colmado de bendiciones, me echo de rodillas, convencido de que aún puedo reparar las injurias que os he inferido. Al menos os puedo compadecer, puedo daros gracias por todo lo que habéis hecho por mí. Perdonadme, Señor mío. Por eso con el corazón y con los labios digo:

A la llaga del pie izquierdo

Santísima llaga del pie izquierdo de mi Jesús, os adoro. Me duele, buen Jesús, veros sufrir aquella pena dolorosa. Os doy gracias, ¡oh Jesús de mi alma!, porque habéis sufrido tan atroces dolores para detenerme en mi carrera al precipicio, desangrándoos a causa de las punzantes espinas de mis pecados.

Ofrezco al eterno Padre, la pena y el amor de vuestra santísima Humanidad para resarcir mis pecados, que detesto con sincera contrición.

A la llaga del pie derecho

Santísima llaga del pie derecho de mi Jesús, os adoro. Me duele, buen Jesús, veros sufrir tan dolorosa pena.

Os doy gracias, ¡oh Jesús de mi vida!, por aquel amor que sufrió tan atroces dolores, derramando sangre para castigar mis deseos pecaminosos y andadas en pos del placer. Ofrezco al eterno Padre la pena y el amor de vuestra santísima Humanidad, y le pido la gracia de llorar mis transgresiones y de perseverar en el camino del bien, cumpliendo fidelísimamente los mandamientos de Dios.

A la llaga de la mano izquierda

Santísima llaga de la mano izquierda de mi Jesús, os adoro. Me duele, buen Jesús, veros sufrir tan dolorosa pena. Os doy gracias, ¡oh Jesús de mi vida!, porque por vuestro amor me habéis librado a mí de sufrir la flagelación y la eterna condenación, que he merecido a causa de mis pecados.

Ofrezco al eterno Padre la pena y el amor de vuestra santísima Humanidad y le suplico me ayude a hacer buen uso de mis fuerzas y de mi vida, para producir frutos dignos de la gloria y vida eterna y así desarmar la justa ira de Dios.

A la llaga de la mano derecha

Santísima llaga de la mano derecha de mi Jesús, os adoro. Me duele, buen Jesús, veros sufrir tan dolorosa pena. Os doy gracias, ¡oh Jesús de mi vida!, por haberme abrumado de beneficios y gracias, y eso a pesar de mi obstinación en el pecado.

Ofrezco al eterno Padre la pena y el amor de vuestra santísima Humanidad y le suplico me ayude para hacer todo para mayor honra y gloria de Dios.

A la llaga del sacratísimo costado

Santísima llaga del Sacratísimo costado de mi Jesús, os adoro. Me duele, Jesús de mi vida, ver cómo sufristeis tan gran injuria. Os doy gracias, ¡oh buen Jesús!, por el amor que me tenéis, al permitir que os abrieran el costado con una lanzada y así derramar la última gota de sangre, para redimirme.

Ofrezco al eterno Padre esta afrenta y el amor de vuestra santísima Humanidad, para que mi alma pueda encontrar en vuestro corazón traspasado un seguro refugio. Así sea.

Oración del Domingo de Ramos

Señor Jesús, con este mismo ramo te acompañamos hoy a recordar tu entrada en Jerusalén, con nuestra presencia en el templo dijimos que somos tus seguidores y que Tú eres el rey de los reyes. Ahora te pedimos que protejas a nuestra familia de todo mal y nos conviertas en testigos de tu amor y tu paz, para que un día podamos reinar contigo en la Jerusalén celestial, donde vives y reinas por los siglos de los siglos.

Amén.

Jueves Santo

La Hora Santa

Oraciones sugeridas para acompañar la celebración de la Hora Santa, tras la lectura y meditación en los textos evangélicos sobre la negación de Pedro, la agonía y oración de Cristo en el Huerto de los Olivos, y su detención por parte de los guardias:

1. Querría ¡oh, mi adorable Redentor, morir de pesar cuando recuerdo haber contristado tanto vuestro corazón, que tanto me ha amado! Dignaos olvidar todos los disgustos que os he dado y arrojar sobre mi alma una mirada de amor, como la que dirigisteis a San Pedro después de su pecado, mirada que cambió sus ojos en dos fuentes inagotables de lágrimas.

2. ¡Dulce Corazón de mi Jesús! Por la tristeza mortal que experimentasteis en el Huerto de los Olivos, os suplico me preservéis de la tristeza del infierno, en donde debería estar para siempre, lejos de Vos y sin poder amaros.

3. ¡Dulce Corazón de mi Jesús! Por el santo horror que tuvisteis a mis pecados, ya presentes a vuestros ojos, dadme un verdadero dolor por todas las ofensas que os he hecho. ¡Dulce Corazón de mi Jesús! Por la pena que sentisteis viéndoos traicionado por Judas, por medio de un beso, haced que yo os sea fiel y que no os traicione más, como hasta hoy lo he hecho.

4. ¡Dulce Corazón de mi Jesús! Por la pena que sentisteis viéndoos traicionado por Judas, por medio de un beso, haced que yo os sea fiel y que no os traicione más, como hasta hoy lo he hecho. ¡Dulce Corazón de mi Jesús! Por la pena que experimentasteis viéndoos atar como un malhechor, para ser conducido delante de los jueces, os suplico me unáis a Vos con las dulces cadenas de vuestro amor, de modo que nunca me vea separado de Vos, que sois mi único bien.

Visita a las siete iglesias

Celebración consistente en visitar siete capillas o templos cercanos que alberguen el Santísimo Sacramento en vigilia el Jueves Santo, después de la misa vespertina de la Cena del Señor. En cada templo, se recuerda el recorrido del Señor en su Pasión, se hace una oración comunitaria y oración personal. Se puede seguir el siguiente esquema:

Por la señal de la santa cruz…

Introducción del director o guía, que también puede proponer reflexiones y oraciones en grupo tras cada lectura de los Evangelios.

Se reza el padrenuestro; el avemaría y el gloria.

Visita 1: El Señor Jesús en el huerto de los olivos

Guía: Te adoramos, Señor, y te bendecimos.

Grupo: Que por tu Pasión y muerte reconciliaste al mundo.

Lectura S. Lucas 22, 39-46

Se rezan 3 glorias. Oración personal en silencio.

Visita 2: El Señor Jesús llevado a la casa de Anás

Guía: Te adoramos, Señor, y te bendecimos.

Grupo: Que por tu Pasión y muerte reconciliaste al mundo.
Lectura S. Juan 18, 19-22
Se rezan 3 glorias. Oración personal en silencio.

Visita 3: El Señor Jesús llevado a la casa de Caifás
Guía: Te adoramos, Señor, y te bendecimos.
Grupo: Que por tu Pasión y muerte reconciliaste al mundo.
Lectura San Mateo 26, 63-68
Se rezan 3 glorias. Oración personal en silencio.

Visita 4: El Señor Jesús llevado ante Poncio Pilato
Guía: Te adoramos, Señor, y te bendecimos.
Grupo: Que por tu Pasión y muerte reconciliaste al mundo.
Lectura San Juan 18, 35-37
Se rezan 3 glorias. Oración personal en silencio.

Visita 5: El Señor Jesús llevado ante Herodes
Guía: Te adoramos, Señor, y te bendecimos.
Grupo: Que por tu Pasión y muerte reconciliaste al mundo.
Lectura San Lucas 23, 8-9; 11
Se rezan 3 glorias. Oración personal en silencio.

Visita 6: El Señor Jesús es regresado con Pilato
Guía: Te adoramos, Señor, y te bendecimos.
Grupo: Que por tu Pasión y muerte reconciliaste al mundo.
Lectura San Mateo 27, 22-26
Se rezan 3 glorias. Oración personal en silencio.

Visita 7: El Señor Jesús llevado a su Pasión
Guía: Te adoramos, Señor, y te bendecimos.
Grupo: Que por tu Pasión y muerte reconciliaste al mundo.
Lectura San Mateo 27, 27-31
Se rezan 3 glorias. Oración personal en silencio unos momentos.

Viernes Santo

(Ver *Vía Crucis* pág. 102)

Oración recordatoria
Señor Jesús, en este día en que recordamos tu Pasión y muerte, ayúdanos a reconocer el inmenso amor que nos tienes. Tú, Señor, entregaste tu vida por nuestra salvación, y nos has señalado un sendero por recorrer: solo quien entrega, podrá recibir. Ayúdame a acoger el inmenso don de tu amor, y a seguirte en el camino de la cruz, que es paso para la resurrección.

Amén

Las Siete Palabras

1) *Padre, perdónalos, porque no saben lo que hacen* (Lc 23, 34)

Jesús amado, que por amor mío agonizasteis en la cruz, a fin de pagar con vuestras penas la deuda de mis pecados, y abristeis vuestra divina boca para obtenerme el perdón de la justicia eterna: tened piedad de todos los fieles agonizantes y de mí en aquella hora postrera; y por los méritos de vuestra preciosísima Sangre derramada por nuestra salvación, concedednos un dolor tan vivo de nuestras culpas que nos haga morir en el seno de vuestra infinita misericordia.

2) *En verdad, en verdad te digo: hoy estarás conmigo en el Paraíso (Lc 23, 43)*

Jesús amado, que por amor mío agonizasteis en la cruz y que con tanta prontitud y liberalidad correspondisteis a la fe del buen ladrón que os reconoció por Hijo de Dios en medio de vuestras humillaciones, y le asegurasteis el Paraíso: tened piedad de todos los fieles agonizantes y de mí en aquella hora postrera; y por los méritos de vuestra preciosísima Sangre, haced que reviva en nuestro espíritu una fe tan firme y constante que no se incline a sugestión alguna del demonio, para que también nosotros alcancemos el premio del santo Paraíso.

3) *Mujer, he ahí a tu hijo; hijo, he ahí a tu madre (Jn 19, 26-27)*

Jesús amado, que por amor mío agonizasteis en la cruz y olvidando vuestros sufrimientos nos dejasteis en prenda de vuestro amor vuestra misma Madre Santísima para que, por su medio, podamos recurrir confiadamente a Vos en nuestras mayores necesidades: tened piedad de todos los fieles agonizantes y de mí en aquella hora postrera; y por el interior martirio de una tan amada Madre, reavivad en nuestro corazón la firme esperanza en los infinitos méritos de vuestra preciosísima Sangre, a fin de que podamos evitar la eterna condenación que tenemos merecida por nuestros pecados.

4) *¡Dios mío, Dios mío!, ¿por qué me has abandonado?*
(Mc 15, 34; Mt 27, 46)

Jesús amado, que por amor mío agonizasteis en la cruz y que, añadiendo sufrimiento a sufrimiento, además de tantos dolores en el cuerpo, sufristeis con infinita paciencia la más penosa aflicción de espíritu a causa del abandono de vuestro eterno Padre: tened piedad de todos los fieles agonizantes y de mí en aquella hora postrera; y por los méritos de vuestra preciosísima Sangre, concedednos la gracia de sufrir con verdadera paciencia todos los dolores y congojas de nuestra agonía, a fin de que, unidas a las vuestras nuestras penas, podamos después participar de vuestra gloria en el Paraíso.

5) *Tengo sed*
(Jn 19, 28)

Jesús amado, que por amor mío agonizasteis en la cruz y que, no saciado aún con tantos vituperios y sufrimientos, quisierais sufrirlos todavía mayores para la salvación de todos los hombres, demostrando así que todo el torrente de vuestra Pasión no es bastante para apagar la sed de vuestro amoroso corazón: tened piedad de todos los fieles agonizantes y de mí en aquella hora postrera; y por los méritos de vuestra preciosísima Sangre, encended tan vivo fuego de caridad en nuestro corazón que lo haga desfallecer con el deseo de unirse a Vos por toda la eternidad.

6) *Todo está cumplido*
(Jn 19, 30)

Jesús amado, que por amor mío agonizasteis en la cruz y desde esta cátedra de verdad anunciasteis el cumplimiento de la obra de nuestra redención, por la que, de hijos de ira y perdición, fuimos hechos hijos de Dios y herederos del cielo; tened piedad de todos los fieles agonizantes y de mí en aquella hora postrera; y, por los méritos de vuestra preciosísima Sangre, desprendednos por completo así del mundo como de nosotros mismos; y, en el momento de nuestra agonía, dadnos gracia para ofreceros de corazón el sacrificio de la vida en expiación de nuestros pecados.

7) *Padre, en tus manos encomiendo mi espíritu*
(Lc 23, 46)

Jesús amado, que por amor mío agonizasteis en la cruz, y que en cumplimiento de tan grande sacrificio aceptasteis la voluntad del eterno Padre al encomendar en sus manos vuestro espíritu para enseguida inclinar la cabeza y morir: tened piedad de todos los fieles agonizantes y de mí en aquella hora postrera; y por los méritos de vuestra preciosísima Sangre, otorgadnos en nuestra agonía una perfecta conformidad a vuestra divina voluntad, a fin de que estemos dispuestos a vivir o a morir según sea a Vos más agradable; y que no suspiremos para nada más que por el perfecto cumplimiento en nosotros de vuestra adorable voluntad.

Stabat Mater

(Oración para acompañar a la Virgen María junto a la tumba de su Hijo, versión de Lope de Vega)

La Madre piadosa parada
junto a la cruz y lloraba
mientras el Hijo pendía.
Cuya alma, triste y llorosa,
traspasada y dolorosa,
fiero cuchillo tenía.

¡Oh, cuán triste y cuán aflicta
se vio la Madre bendita,
de tantos tormentos llena!
Cuando triste contemplaba
y dolorosa miraba
del Hijo amado la pena.

Y ¿cuál hombre no llorara,
si a la Madre contemplara

de Cristo, en tanto dolor?
Y ¿quién no se entristeciera,
Madre piadosa, si os viera
sujeta a tanto rigor?

Por los pecados del mundo,
vio a Jesús en tan profundo
tormento la dulce Madre.
Vio morir al Hijo amado,
que rindió desamparado
el espíritu a su Padre.

¡Oh, dulce fuente de amor!,
hazme sentir tu dolor
para que llore contigo.
Y que, por mi Cristo amado,
mi corazón abrasado
más viva en él que conmigo.

Y, porque a amarle me anime,
en mi corazón imprime
las llagas que tuvo en sí.
Y de tu Hijo, Señora,
divide conmigo ahora
las que padeció por mí.

Hazme contigo llorar
y de veras lastimar

de sus penas mientras vivo.
Porque acompañar deseo
en la cruz, donde le veo,
tu corazón compasivo.

¡Virgen de vírgenes santas!,
llore ya con ansias tantas,
que el llanto dulce me sea.
Porque su pasión y muerte
tenga en mi alma, de suerte
que siempre sus penas vea.

Haz que su cruz me enamore
y que en ella viva y more
de mi fe y amor indicio.
Porque me inflame y encienda,
y contigo me defienda
en el día del juicio.

Haz que me ampare la muerte
de Cristo, cuando en tan fuerte
trance vida y alma estén.
Porque, cuando quede en calma
el cuerpo, vaya mi alma
a su eterna gloria.
Amén.

Domingo de Pascua

Secuencia de la Resurrección

(Texto litúrgico que se lee durante la aclamación del "Aleluya" en la misa del Domingo de Resurrección)

Ofrezcan los cristianos
ofrendas de alabanza
a gloria de la Víctima
propicia de la Pascua.

Cordero sin pecado
que a las ovejas salva
a Dios y a los culpables
unió con nueva alianza.

Lucharon vida y muerte
en singular batalla,
y muerto el que es la Vida
triunfante se levanta.

¿Qué has visto de camino,
María, en la mañana?
A mi Señor glorioso
la tumba abandonada.

Los ángeles testigos,
sudarios y mortajas.
¡Resucitó de veras
mi amor y mi esperanza!

Vengan a Galilea
allá el Señor aguarda,
allá verán los suyos
la gloria de la Pascua.

Primicia de los muertos,
sabemos por tu gracia
que estás resucitado;
la muerte en ti no manda.

Rey vencedor, apiádate
de la miseria humana
y a da a los fieles parte
en tu victoria santa.

Bendícenos, Señor, porque somos tus hijos

Bendícenos, Señor, porque somos tus hijos
Porque con la resurrección de Jesús venciste la muerte para siempre.
Bendícenos, Señor, porque somos tus hijos
Porque sellaste una alianza de amor con todo tu pueblo.
Bendícenos, Señor, porque somos tus hijos

Porque nos liberaste de la esclavitud del pecado.
Bendícenos, Señor, porque somos tus hijos
Porque nos diste la gracia de ser una familia cristiana.
Bendícenos, Señor, porque somos tus hijos
Porque prometiste a quienes te son fieles bendecir a los hijos de sus hijos.
Bendícenos, Señor, porque somos tus hijos
Porque nos das la oportunidad de renovar nuestras vidas en esta pascua.
Bendícenos, Señor, porque somos tus hijos
Porque nos permites ganar nuestro pan y nos colmas de tus bienes.
Bendícenos, Señor, porque somos tus hijos
Porque nos reanimas con tu ayuda en medio de las dificultades.
Bendícenos, Señor, porque somos tus hijos
Porque un día nos reunirás con los seres queridos en la mesa celestial.
Bendícenos, Señor, porque somos tus hijos.
¡Jesús resucitó!
Amén.

ORACIONES PARA PASCUA

Vía lucis

(*Indicado para tiempo de Pascua o tiempo ordinario*)

Oraciones preparatorias
Señal de la cruz.

Estructura
Antes de cada estación se reza la siguiente jaculatoria:
V: Te adoramos, ¡oh, Cristo resucitado!, y te bendecimos
R: Porque con tu Pascua, has dado la Vida al mundo.

Luego se lee el pasaje bíblico y se hace una breve oración o medicación.

Después de cada estación, se reza la siguiente jaculatoria:
Todos: ¡Oh, María, Templo del Espíritu Santo! Guíanos como testigos del Resucitado por el camino de la luz.
Amén.

Estaciones

I estación: Jesús resucita y conquista la Vida verdadera (Mt 28, 5-6).

II estación: las mujeres encuentran el sepulcro de Cristo vacío (Jn 20, 1-8).

III estación: Jesús resucitado se aparece a María la Magdalena (Jn 20, 14-18).

IV estación: Jesús resucitado se aparece en el camino a Emaús (Lc 24, 10-30).

V estación: Jesús resucitado es reconocido al partir el pan (Lc 24, 30-35).

VI estación: Jesús resucitado se aparece a los discípulos en Jerusalén (Lc 24, 36-40).

VII estación: Jesús resucitado da su paz a los discípulos y el poder de perdonar pecados (Jn 20, 19-23).

VIII estación: Jesús resucitado fortalece la fe de Tomás. (Jn 20, 24-29).

IX estación: Jesús resucitado se aparece en el mar de Tiberíades (Jn 21, 1-12).

X estación: San Pedro le reitera su amor a Jesús. (Jn 21, 15-19).

XI estación: Jesús resucitado envía a los discípulos a predicar el Evangelio (Mt 28, 19-20).

XII estación: Jesús asciende al cielo (Lc 24, 50-53).

XIII estación: María y los discípulos esperan en el cenáculo (Hch 1, 12-14).

XIV estación: el Espíritu Santo se manifiesta en Pentecostés (Hch 2, 1-13).

Oración final

V: Verdaderamente ha resucitado el Señor. Aleluya.
R: Como anunciaron las Escrituras. Aleluya.
V: Gloria al Padre y al Hijo y al Espíritu Santo.
R: Como era en el principio, ahora y siempre, por los siglos de los siglos.
Amén.

En el nombre del Padre y del Hijo y del Espíritu Santo.
Amén.

Secuencia del Espíritu Santo (Dulce huésped del alma)

(*Texto litúrgico que se lee durante la aclamación del "Aleluya" en la misa de Pentecostés*)

Ven, Espíritu Divino,
manda tu luz desde el cielo.
Padre amoroso del pobre,
don en tus dones espléndido;
luz que penetra las almas,
fuente del mayor consuelo.

Ven, dulce huésped del alma,
descanso de nuestro esfuerzo,
tregua en el duro trabajo,

gozo que enjuga las lágrimas

y reconforta en los duelos.

Entra hasta el fondo del alma,
divina luz, y enriquécenos.
Mira el vacío del hombre
si Tú le faltas por dentro.
Mira el poder del pecado
cuando no envías tu aliento.

Riega la tierra en sequía,
sana el corazón del enfermo;
lava las manchas, infunde
calor de vida en el hielo,
doma el espíritu indómito,
guía al que tuerce el sendero.

Reparte tus siete dones,
según la fe de tus siervos;
por tu bondad y tu gracia,
dale al esfuerzo su mérito;
salva al que busca salvarse
y danos tu gozo eterno.

ORACIÓN EN DISTINTAS SITUACIONES

Bendición de la mesa

Bendícenos, Señor, y bendice estos alimentos que por tu bondad vamos a tomar. Por Jesucristo, nuestro Señor.

R: Amén.

El Rey de la Gloria nos haga partícipes de la mesa celestial.
R: Amén.

Para después de la comida

Te damos gracias, Señor, por todos tus beneficios. Tú que vives y reinas por los siglos de los siglos.

R: Amén.

El Señor nos dé su paz.

R: Y la vida eterna. Amén.

Para año nuevo

Señor, Dios, dueño del tiempo y de la eternidad, tuyo es el hoy y el mañana, el pasado y el futuro. Al terminar este año quiero darte gracias por todo aquello que recibí de Ti.

Gracias por la vida y el amor, por las flores, el aire y el sol, por la alegría y el dolor, por cuanto fue posible y por lo que no pudo ser.

Te ofrezco cuanto hice en este año, el trabajo que pude realizar y las cosas que pasaron por mis manos y lo que con ellas pude construir.

Te presento a las personas que a lo largo de estos meses amé, las amistades nuevas y los antiguos amores, los más cercanos a mí y los que estén más lejos, los que me dieron su mano y aquellos a los que pude ayudar, con los que compartí la vida, el trabajo, el dolor y la alegría.

Pero también, Señor, hoy quiero pedirte perdón, perdón por el tiempo perdido, por el dinero mal gastado, por la palabra inútil y el amor desperdiciado. Perdón por las obras vacías y por el trabajo mal hecho, y perdón por vivir sin entusiasmo.

También por la oración que poco a poco fui aplazando y que hasta ahora vengo a presentarte. Por todos mis olvidos, descuidos y silencios nuevamente te pido perdón.

En los próximos días iniciaremos un nuevo año y detengo mi vida ante el nuevo calendario aún sin estrenar y te presento estos días que solo Tú sabes si llegaré a vivirlos.

Hoy te pido para mí y los míos la paz y la alegría, la fuerza y la prudencia, la claridad y la sabiduría.

Quiero vivir cada día con optimismo y bondad, llevando a todas partes un corazón lleno de comprensión y paz.

Cierra Tú mis oídos a toda falsedad y mis labios a palabras mentirosas, egoístas, mordaces o hirientes.

Abre, en cambio, mi ser a todo lo que es bueno, que mi espíritu se llene solo de bendiciones y las derrame a mi paso.

Cólmame de bondad y de alegría para que cuantos conviven conmigo o se acerquen a mí encuentren en mi vida un poquito de TI.

Danos un año feliz y enséñanos a repartir felicidad.

Amén.

Bendición del viaje

El Señor omnipotente y misericordioso dirija nuestros pasos por el camino de la paz y de la prosperidad; que el ángel Rafael nos acompañe, para que con salud, paz y alegría podamos volver a nuestros hogares.

Señor, danos a todos los presentes un viaje feliz y un tiempo de paz, a fin de que, en compañía de tu santo ángel, podamos llegar felizmente al lugar a donde vamos y, por fin, a la vida eterna.

Amén.

Ante la enfermedad

¡Jesús, Jesús! Yo en la cama y Tú en la cruz. Yo en la cama, acostado; Tú en la cruz clavado. Yo, la cabeza en blanda almohada; Tú, la tuya, de espinas coronada.

Yo, quejándome; Tú, animándome.

Yo, sin pensar que mis dolores, unidos a los tuyos, tienen un valor infinito.

Tú, anhelando sufrir más para pagar nuestros pecados.

Jesús, Jesús, yo en la cama y Tú en la cruz.

Jesús, creo en Ti. Jesús, espero en Ti. Jesús, voy a Ti.

Para pedir salud

Señor Jesús, creo que estás vivo y resucitado. Creo que estás realmente presente en el Santísimo Sacramento del altar y en cada uno de los que en Ti creemos. Te alabo y te adoro. Te doy gracias, Señor, por venir hasta mí como pan vivo bajado del cielo. Tú eres la plenitud de la vida. Tú eres la Resurrección y la Vida. Tú eres, Señor, la salud de los enfermos.

Hoy quiero presentarte todas mis enfermedades porque Tú eres el mismo ayer, hoy y siempre y Tú mismo llegas hasta donde yo estoy. Tú eres el Eterno Presente y Tú me conoces. Ahora, Señor, te pido que tengas compasión de mí. Visítame a través de tu Evangelio, para que todos reconozcan que Tú estás vivo en tu Iglesia hoy, y que se renueve mi fe y mi confianza en Ti. Te lo suplico, Señor.

Ten compasión de mis sufrimientos físicos, de mis heridas emocionales y de cualquier enfermedad de mi alma. Ten compasión de mí, Señor. Bendíceme y haz que vuelva a encontrar la salud. Que mi fe crezca y me abra a las maravillas de tu amor, para que también sea testigo de tu poder y de tu compasión. Te lo pido, Jesús, por el poder de tus Santas Llagas, por tu Santa Cruz y por tu Preciosa Sangre.

Sáname, Señor, sana mi cuerpo, sana mi corazón, sana mi alma. Dame vida y vida en abundancia. Te lo pido por intercesión de María Santísima, tu Madre, la Virgen de los Dolores, la que estaba presente, de pie, cerca de la cruz. La que fue la primera en contemplar tus llagas y que nos diste por madre.

Tú nos has revelado que ya has tomado sobre Ti todas nuestras dolencias y por tus santas llagas hemos sido curados. Hoy, Señor, te presento con fe todas mis enfermedades y te pido que me sanes completamente. Te pido por la gloria del Padre del cielo, que también sanes a los enfermos de mi familia y amigos. Haz que crezcan en la fe y en la esperanza, y que reciban la salud para gloria de tu Nombre, para que tu Reino siga extendiéndose más y más en los corazones a través de los signos y los prodigios de tu amor. Todo esto te lo pido, Jesús, porque Tú eres mi Señor.

Tú eres el Buen Pastor y todos somos ovejas de tu rebaño. Estoy tan seguro de tu amor que aun antes de conocer el resultado de mi oración, por fe, te digo: gracias, Jesús, por lo que Tú vas a hacer en mí y en cada uno de ellos. Gracias por las enfermedades que Tú estás sanando ahora, gracias por los que Tú estás visitando con tu misericordia. Amén.

Para obtener una buena muerte

Padre mío, te pido la más importante de todas tus gracias: la perseverancia final y una muerte santa. Por grande que haya sido el abuso hecho de la vida que me has dado, concédeme vivirla desde ahora y terminarla en tu santo amor. Que yo muera como los santos Patriarcas, dejando sin tristeza este valle de lágrimas, para ir a gozar del descanso eterno en mi verdadera patria. Que yo muera como el glorioso San José, acompañado de Jesús y de María, pronunciando estos nombres dulcísimos, que espero bendecir por toda la eternidad. Que yo muera como la Virgen Inmaculada, en la caridad más pura y con el deseo de unirme al único objeto de mis amores. Que yo muera como Jesús en la cruz, plenamente identificado con la voluntad del Padre, hecho holocausto por amor. Jesús, muerto por mí, concédeme la gracia de morir en un acto de perfecta caridad hacia ti. Santa María, Madre de Dios, ruega por mí ahora y en la hora de mi muerte. San José, mi padre y señor, alcánzame que muera con la muerte de los justos.

Ante la muerte

Señor, Dios mío: ya desde ahora acepto de buena voluntad, como venida de tu mano, cualquier género de muerte que quieras enviarme, con todas sus angustias, penas y dolores.

Jesús, José y María.
Os doy el corazón y el alma mía.
Jesús, José y María.
Asistidme en la última agonía.
Jesús, José y María.
En Vos descanse en paz el alma mía.

Oh Dios, Padre mío, Señor de la vida y de la muerte, que con decreto inmutable, en justo castigo de nuestras culpas, has establecido que todos los hombres hayan de morir: mírame aquí postrado delante de Ti. Aborrezco de todo corazón mis culpas pasadas, por las que he merecido mil veces la muerte, que ahora acepto para expiarlas y para obedecer a tu amable voluntad. Gustosamente moriré, Señor, en el tiempo, en el lugar, del modo que Tú quieras, y hasta entonces aprovecharé los días de vida que me queden, para luchar contra mis defectos y crecer en tu amor, para romper todos los lazos que atan mi corazón a las criaturas, para preparar mi alma a comparecer en tu presencia; y desde ahora me abandono sin reservas en los brazos de tu paternal providencia.

Oración por el eterno reposo

Dale Señor el descanso eterno.
Brille para él la luz perpetua.
Descanse en paz.
Amén.

Plegaria por un difunto

Padre santo, Dios eterno y todopoderoso, te pedimos por [*mencionar el nombre del difunto*], que llamaste de este mundo.

Dale la felicidad, la luz y la paz. Que él, habiendo pasado por la muerte, participe con los santos de la luz eterna, como le prometiste a Abrahán y a su descendencia.

Que su alma no sufra más, y te dignes resucitarlo con los santos el día de la resurrección y la recompensa.

Perdónale sus pecados para que alcance junto a Ti la vida inmortal en el Reino eterno.

Por Jesucristo, Tu Hijo, en la unidad del Espíritu Santo.

Amén.

[*Rezar un padrenuestro y un avemaría*].

Dale, Señor, el descanso eterno y brille para él la luz perpuetua.

Descanse en paz.

Amén.

Responso por difuntos

En el nombre del Padre y del Hijo y del Espíritu Santo. Amén.

1. [Una persona lee el salmo 22 mientras todos permanecen en silencio].

El Señor es mi pastor, nada me falta:
en verdes praderas me hace recostar.
Me conduce hacia fuentes tranquilas y repara mis fuerzas;
me guía por el sendero justo, por el honor de su nombre.
Aunque camine por cañadas oscuras, nada temo,
porque Tú vas conmigo: tu vara y tu cayado me sosiegan.
Preparas una mesa ante mí, enfrente de mis enemigos;
me unges la cabeza con perfume, y mi copa rebosa.
Tu bondad y tu misericordia me acompañan
todos los días de mi vida,
y habitaré en la casa del Señor por años sin término.

Gloria al Padre y el Hijo y al Espíritu Santo. Como era en el principio, ahora y siempre por los siglos de los siglos. Amén.

2. Escuchamos las palabras de Jesús y rezamos el padrenuestro.

– Nos dice Jesús: "Yo soy el pan de vida. El que viene a mí no pasará hambre, y el que cree en mí nunca pasará sed. Esta es la voluntad de mi Padre: que todo el que ve al Hijo y cree en él tenga vida eterna, y yo lo resucitaré en el último día" (Jn 6, 35.40).

Padre nuestro...

– Nos dice Jesús: "Yo soy la resurrección y la vida. El que cree en mí, no morirá para siempre" (Jn 11, 25).

Padre nuestro…

– Nos dice Jesús: "No perdáis la calma. Creed en Dios y creed también en mí. En la casa de mi Padre hay muchas estancias. Por eso os digo que me voy a prepararos sitio. Y cuando vaya y os prepare sitio volveré y os llevaré conmigo, para que donde estoy yo estéis también vosotros" (Jn 14, 1-3).

Padre nuestro…

- Nos dice Jesús: "No sois vosotros los que me habéis elegido, soy yo quien os he elegido y os he destinado para que vayáis y deis fruto, y vuestro fruto dure. De modo que lo que pidáis al Padre en mi nombre os lo dé" (Jn 15, 16).

Padre nuestro…

3. Invoquemos ahora todos juntos a María, Madre de todos:

Dios te salve, María llena eres de gracia…

4. Recordamos a nuestro ser querido que ha fallecido.

Respondemos ahora a cada petición diciendo: Escúchanos, Padre.

– Padre, con la alegría de encontrarse ya en tu casa y cerca de Ti, haz que [nombre] pueda disfrutar de la paz, del gozo y del descanso. Oremos. Escúchanos, Padre.

– Padre, hazle disfrutar de la paz, el gozo y el descanso que en esta vida no pudo encontrar. Oremos. Escúchanos, Padre.

– Padre, hazle realidad todas las ilusiones y deseos que le guiaron en el camino de la vida. Oremos. Escúchanos, Padre.

– Padre, haz que comparta por siempre la resurrección de Jesús y la fuerza transformadora del Espíritu y que nos ayude a calmar y serenar nuestros corazones sabiendo que ya goza eternamente de tu presencia. Oremos. Escúchanos, Padre.

5. Oremos:

Te pedimos, Padre de bondad, que escuches nuestra oración por [*nombre*].

Sabemos por la fe que participa de la alegría eterna que Tú quieres para todos.

Tú que le creaste a imagen tuya y le amas como hijo, haz que viva en la felicidad de tu reino donde esperamos encontrarnos todos juntos para siempre.

Por Jesucristo nuestro Señor.

6. Terminamos recordando a todos nuestros difuntos:

Señor, concédeles el descanso eterno y brille sobre ellos la luz eterna,

Todos los que han fallecido de nuestra familia descansen en paz para siempre.

En el nombre del Padre, del Hijo y del Espíritu Santo.

Amén.

Oración por los seres queridos

Oh, buen Jesús, que durante toda tu vida te compadeciste de los dolores ajenos, mira con misericordia las almas de nuestros seres queridos difuntos, escucha la súplica que te hacemos, y por tu misericordia concédeles gozar del eterno descanso en el seno de tu infinito amor. Amén.

Dales, Señor, el descanso eterno y brille para ellos la luz perpetua. Que descansen en paz. Amén.

ORACIONES PARA LOS MÁS PEQUEÑOS

Con Dios me acuesto, con Dios me levanto

Con Dios me acuesto,
con Dios me levanto,
con la Virgen María
y el Espíritu Santo
Mal enemigo,
no vengas conmigo,
que yo voy con Dios
y Dios va conmigo.
Él va delante,
yo voy tras él
hasta la santa casa
de Jerusalén.
Si me durmiese,
me despertarán
las doce campanas
de la Trinidad.

Cuatro esquinitas

Cuatro esquinitas tiene mi cama,
cuatro angelitos que me la guardan,
Lucas, Juan y Matías,
nuestro Señor y la Virgen María.
Señor Jesucristo,
que bendices tu altar,
bendice mi cama
que me voy a acostar.

Jesús, José y María

Jesús, José y María, os doy mi corazón y el alma mía.

Ahora me acuesto

Señor, ahora me acuesto para dormir,
guarda mi alma, te voy a pedir.
Esta noche necesito tu protección,
y mañana despertar con tu bendición.
Amén.

Dios que estás en el cielo

Dios que estás en el cielo,
oye mi oración,
con tu amoroso cuidado,
dame tu protección.
Sé mi guía en todo lo que hago
y bendice a todos los que amo.
Amén.

Ángel de la guarda (versión infantil)

Ángel de la guarda, dulce compañía,
no me desampares, ni de noche ni de día,
hasta que me pongas en paz y alegría
con todos los santos, Jesús, José y María.
Niño Jesús, ven a mi cama,
dame un besito.

Jesusito de mi vida

[*Versión corta*].
Jesusito de mi vida, eres niño como yo, por eso te quiero tanto y te doy mi corazón. ¡Tómalo! Tuyo es, y mío no.

ORACIONES A LOS SANTOS

Letanías de todos los santos

Señor, ten piedad de nosotros.
Cristo, ten piedad de nosotros.
Señor, ten piedad de nosotros.

Cristo, óyenos.
Cristo, escúchanos.

Dios, Padre Celestial,
ten piedad de nosotros (*repetir).
Dios Hijo, Redentor del mundo,*
Dios, Espíritu Santo,*
Santísima Trinidad, que eres un solo Dios...*

Santa María,
ruega por nosotros (*repetir).
Santa Madre de Dios,*
Santa Virgen de las vírgenes,*
San Miguel,*
San Gabriel,*

San Rafael,*
Todos los santos ángeles y arcángeles,*
Todas las santas órdenes de los espíritus bienaventurados,*
San José,*
San Juan Bautista,*
Todos los santos Patriarcas y Profetas,*
San Pedro,*
San Pablo,*
San Andrés,*
Santiago,*
San Juan,*
Santo Tomás,*
Santiago el Menor,*
San Felipe,*
San Bartolomé,*
San Mateo,*
San Simón,*
San Tadeo,*
San Matías,*
San Bernabé*,
San Lucas,*
San Marcos,*
Todos los santos Apóstoles y Evangelistas,*
Todos los santos discípulos del Señor,*
Todos los santos inocentes,*
San Esteban,*
San Lorenzo,*
San Vicente,*

Santos Fabián y Sebastián,*
Santos Juan y Pablo,*
Santos Cosme y Damián,*
Santos Gervasio y Protasio,*
Todos los santos mártires,*
San Silvestre,*
San Gregorio,*
San Ambrosio,*
San Agustín,*
San Jerónimo,*
San Martín,*
San Nicolás,*
Todos los santos pontífices y confesores,*
Todos los santos doctores,*
San Antonio,*
San Benito,*
San Bernardo,*
Santo Domingo,*
San Francisco,*
Todos los santos sacerdotes y levitas,*
Todos los santos monjes y ermitaños,*
Santa María Magdalena,*
Santa Ágata,*
Santa Lucía,*
Santa Inés,*
Santa Cecilia,*
Santa Catalina,*
Santa Anastasia,*

Todas las santas vírgenes y viudas,*
Todos los santos y santas de Dios,
interceded por nosotros.

Muéstrate propicio,
perdónanos, Señor.
Muéstrate propicio,
óyenos, Señor.

De todo mal,
líbranos, Señor (*repetir)
De todo pecado,*
De tu ira,*
De la muerte repentina e imprevista,*
De las celadas del demonio,*
De la ira, del odio y de toda mala voluntad,*
Del espíritu de impureza,*
Del rayo y de la tempestad,*
Del flagelo del terremoto,*
De la peste, del hambre y de la guerra,*
De la muerte eterna,*
Por el misterio de tu encarnación,*
Por tu advenimiento,*
Por tu nacimiento,*
Por tu Bautismo y santo ayuno,*
Por tu cruz y Pasión,*
Por tu muerte y sepultura,*
Por tu santa Resurrección,*

Por tu admirable Ascensión,*
Por la venida del Espíritu Santo Consolador,*
En el día del juicio...*

Nosotros, que somos pecadores,
te rogamos, óyenos (*repetir).
Para que nos perdones,*
Para que nos favorezcas,*
Para que te dignes conducirnos a una verdadera penitencia,*
Para que te dignes gobernar y conserves a tu Santa Iglesia,
Para que asistas al Papa y a todos los miembros del clero en tu servicio santo,*
Para que te dignes humillar a los enemigos de la Santa Iglesia,*
Para que te dignes conceder a los reyes y príncipes cristianos la paz y verdadera concordia,*
Para que concedas paz y concordia a todo el pueblo cristiano,*
Para que te dignes atraer a la unidad de la fe a todos los que están en el error, y conducir a todos los infieles a la luz del Evangelio,*
Para que te dignes fortalecernos y conservarnos en tu servicio santo,*
Para que te dignes elevar nuestras almas a la consideración de las cosas celestiales,*
Para que te dignes retribuir a todos nuestros bienhechores, dándoles la eterna felicidad,*

Para que libres de la condenación eterna nuestras almas, las de nuestros hermanos, parientes y bienhechores,*
Para que te dignes dar y conservar los frutos de la tierra,*
Para que te dignes dar a todos los fieles difuntos el descanso eterno,*
Para que te dignes atendernos,*
Jesús, Hijo de Dios vivo...*

Cordero de Dios que quitas los pecados del mundo,
Perdónanos, Señor.
Cordero de Dios que quitas los pecados del mundo,
escúchanos, Señor.
Cordero de Dios que quitas los pecados del mundo,
Ten piedad de nosotros.
Cristo, óyenos.
Cristo, escúchanos.
Señor ten piedad de nosotros.
Jesucristo ten piedad de nosotros.
Señor ten piedad de nosotros

Padrenuestro...

A Santa Ana por los hijos

Gloriosa Santa Ana, patrona de las familias cristianas, a ti encomiendo mis hijos. Sé que los he recibido de Dios y que a Dios les pertenecen. Por tanto, te ruego me concedas la gracia de aceptar lo que su Divina Providencia disponga para ellos.

Bendíceles, ¡oh misericordiosa Santa Ana!, y tómalos bajo tu protección. No te pido para ellos privilegios excepcionales; solo quiero consagrarte sus almas y sus cuerpos, para que preserves ambos de todo mal. A Ti confío sus necesidades temporales y su salvación eterna.

Imprime a sus corazones, mi buena Santa Ana, horror al pecado; apártales del vicio; preséivales de la corrupción; conserva en su alma la fe, la rectitud y los sentimientos cristianos; y enséñales, como enseñaste a tu purísima hija, la Inmaculada Virgen María, a amar a Dios sobre todas las cosas.

Santa Ana, tú que fuiste espejo de paciencia, concédeme la virtud de sufrir con paciencia y amor las dificultades que se me presenten en la educación de mis hijos. Para ellos y para mí, pido tu bendición, ¡oh bondadosa madre celestial!

Que siempre te honremos, como a Jesús y María; que vivamos conforme a la voluntad de Dios; y que después de esta vida hallemos la bienaventuranza en la otra, reuniéndonos contigo en la gloria para toda la eternidad.

Así sea.

A Santa Catalina de Siena

Bendita y amada

Bendita y amada del Señor
y gloriosa Santa Catalina,
por aquella felicidad que recibisteis
de poder uniros a Dios y preparaos
para una santa muerte,
alcanzadme de su divina majestad
la gracia de que, purificando mi conciencia
con los sufrimientos de la enfermedad
y con la confesión de mis pecados,
merezca disponer mi alma,
confortarla con el viático santísimo
del cuerpo de Jesucristo
a fin de asegurar
el trance terrible de la muerte
y poder volar por ella
a la eterna bienaventuranza de la gloria.
Amén.

A San Judas Tadeo por los enfermos

San Judas hermano, tú fuiste testigo presencial del poder sanador de nuestro Señor Jesús. Tú viste su compasión por los enfermos y moribundos. Tú mismo tocaste a los enfermos, compartiste los dolores y las tristezas de las personas, y animaste a los desesperados.

Oh, San Judas amigo, tú has recibido esta autoridad y poder de sanación del Señor para hacer maravillas, para curar lo incurable, para asistir a quienes te invocan con gran devoción.

Te pedimos, glorioso apóstol, que intercedas ante nuestro Señor Jesús, para enviar su gracia salvadora para curar la enfermedad y el sufrimiento de [*mencionar el nombre de la persona*], para elevar su espíritu que se encuentra abatido e inculcarle la esperanza en su corazón.

Amén.

A San Antonio de Padua

¡Oh, bendito San Antonio, el más gentil de todos los santos! Tu amor por Dios y tu caridad por sus criaturas te hicieron merecedor, cuando estabas aquí en la tierra, de poseer poderes milagrosos. Los milagros esperaban tu palabra, que tú estabas siempre dispuesto a hablar por aquellos con problemas o ansiedades. Animado por este pensamiento, te imploro obtengas para mí [*menciona tu petición*]. La respuesta a mi rezo puede que requiera un milagro, pero aun así tú eres el santo de los milagros.

A Santa Filomena

¡Oh, gloriosa Santa Filomena, virgen y mártir!, ejemplo de fe y esperanza, generosa en la caridad, a ti suplico, escucha mi oración. Del cielo donde reinas, haz caer sobre mí toda

protección y auxilio que necesito, en este momento en que mis fuerzas enflaquecen. Tú que eres tan poderosa junto a Dios, intercede por mí y alcánzame la gracia que te pido [*mencionar la petición*].
¡Oh, Santa Filomena!, ilustre por tantos milagros, ruega por mí. No me abandones, jamás dejes de mirar como un rayo de esperanza sobre mí y mi familia. Aparta de mí las tentaciones, da paz a mi alma y bendice mi casa. ¡Oh, Santa Filomena!, por la sangre que derramaste por amor a Jesucristo, alcánzame la gracia que te pido [*repetir la petición*].

[*Rezar un padrenuestro, un avemaría, un gloria al Padre*].

Santa Filomena, ayúdame a alcanzar la gracia. Te prometo que seré tu devoto y que manifestaré a otros necesitados lo milagrosa y bondadosa que eres.

A Santa Rita

Santa de lo Imposible. ¡Oh, santa patrona de los necesitados, Santa Rita!, cuyas plegarias ante el Divino Señor son casi irresistibles, quien por la generosidad en otorgar favores has sido llamada mediadora de los sin esperanza e incluso de lo imposible; Santa Rita, tan humilde, tan pura, tan mortificada, tan paciente y de tan compadecido amor por Jesús Crucificado que podrías obtener de Él cualquier cosa que le pidas. A cuenta de esto recurrimos confiados a ti, esperando, si no siempre alivio, al menos consuelo. Sé favorable a nuestra petición, mostrando el poder de Dios a nombre de este suplicante, sé generosa con nosotros, como lo has sido en tantos casos maravillosos, para la más grande gloria de Dios, por la divulgación de tu propia devoción, y por el consuelo de aquellos que confían en ti. Prometemos, si nuestra petición es concedida, glorificar tu nombre, informando del favor concedido, para bendecir y cantar tus alabanzas por siempre. Confiando entonces en los méritos y poder ante el Sagrado Corazón de Jesús,

te rogamos:

[*mencionar la petición*].

Obtén para nosotros nuestra petición:

Por los singulares méritos de tu infancia,

por la perfecta unión con la divina voluntad,

por los heroicos sufrimientos durante tu vida de casada,

por el consuelo que experimentaste con la conversión de tu esposo,

por el sacrificio de tus niños antes de verlos ofender gravemente a Dios,

por tu milagrosa entrada al convento,

por las austeras penitencias y las sangrientas ofrendas tres veces al día.

por el sufrimiento causado por la herida que recibiste con la espina del Salvador Crucificado;

por el amor divino que consumió tu corazón,

por la notable devoción al Sagrado Sacramento, con el cual exististe por cuatro años,

por la felicidad con la cual partiste de tus pruebas para reunirte con el Divino Esposo, por el ejemplo perfecto que diste a la gente de cada estado de vida.

Santa de lo Imposible,

Oremos

¡Oh Dios!, quien en tu infinita ternura has sido bondadoso para escuchar la plegaria de tu sierva, Santa Rita, y otorgas a su súplica lo que es imposible a la vista, conocimiento y esfuerzos, en recompensa de su compadecido amor y firme confianza en tu promesa, ten piedad en nuestra adversidad y socórrenos en nuestras calamidades, que el no creyente pueda saber que Tú eres la recompensa del humilde, la defensa de los sin esperanza, y la fuerza de aquellos que confían en Ti, a través de Jesucristo, nuestro Señor.

Amén.

A San Expedito por una causa urgente

Soberano San Expedito,
el socorrista por excelencia de las causas justas y urgentes,
intercede en mi nombre frente al Dios Padre
Todopoderoso,
para que me auxilie en estos momentos de desesperación
y angustia solemne.
Soberano San Expedito,
tú que eres el guerrero santo, el fiel servidor de Dios.
Tú que eres el santo de los afligidos,
El santo de los casos urgentes;
dame de tu protección, auxíliame,

dame de tus virtudes y fortaléceme
con coraje, valentía, calma, serenidad y fuerza.
Atiende mi súplica
[*Realiza tu petición con fe*].
Soberano San Expedito,
ayúdame a superar estas complicadas circunstancias.
Cuídame de toda amenaza, de todo peligro,
de personas y espíritus que busquen dañarme,
cuida a mi familia, amigos y hermanos.
Atiende mi súplica prontamente.
Trae a mi ser y mi hogar nuevamente la paz,
que un día nos dio tranquilidad para vivir.
¡Soberano San Expedito!
Te doy gracias eternamente, siempre te alabaré
y esparciré tu nombre entre todos los que desean alguien
como tú,
un santo que oiga y atienda con urgencia.
Amén.

A San Juan de la Cruz

Glorioso padre nuestro San Juan de la Cruz, a quien el Señor quiso destinar para compartir con la santa Madre Teresa los trabajos de la insigne Reforma de la Orden del Carmelo, hasta poblar a España de monasterios de descalzos que hicieron célebre vuestro nombre, y venerada vuestra memoria: yo os felicito porque os cupo tan gran dicha, así como por la felicidad de que gozáis en el cielo, en justo premio de tantas y tan grandes virtudes; y os pido, Santo Padre mío, me alcancéis de Dios un gran amor a la Sacratísima Virgen María, que fue el principal distintivo de vuestra gloriosa vida, para que, sirviéndola aquí en la tierra, pueda gozar de ella con vos en el cielo.

Amén.

A San José

Súplica a San José

¡José dulcísimo y padre amantísimo de mi corazón!, a ti te elijo como mi protector en vida y en muerte, y consagro a tu culto este día, en recompensa y satisfacción de los muchos que vanamente he dado al mundo, y a sus vanísimas vanidades. Yo te suplico con todo mi corazón que, por tus siete dolores y goces, me alcances de tu adoptivo Hijo Jesús y de tu verdadera esposa, María Santísima, la gracia de emplearlos a mucha honra y gloria suya, y en bien y provecho de mi alma. Alcánzame vivas luces para conocer la gravedad de mis culpas, lágrimas de contrición para llorarlas y detestarlas, propósitos firmes para no cometerlas más, fortaleza para resistir a las tentaciones, perseverancia para seguir el camino de la virtud; particularmente lo que te pido en esta oración [*realizar aquí la petición*] y una cristiana disposición para morir bien. Esto es, Santo mío, lo que te suplico; y esto es lo que mediante tu poderosa intercesión, espero alcanzar de mi Dios y Señor, a quien deseo amar y

servir, como tú lo amaste y serviste siempre, por siempre, y por una eternidad.
Amén.

A San Pedro

Dignísimo príncipe

Dignísimo príncipe de los apóstoles, y esclarecido príncipe de la Iglesia católica, por aquella obediencia con que, a la primera voz, dejaste cuanto tenías en el mundo, para seguir a Cristo; por aquella fe con que creíste y confesaste por Hijo de Dios a tu Maestro; por aquella humildad con que, viéndole a tus pies, rehusaste que te los lavase; por aquellas lágrimas con que amargamente lloraste tus negaciones; por aquella vigilancia con que cuidaste como pastor universal del rebaño que se te había encomendado; finalmente, por aquella imponderable fortaleza con que diste por tu Redentor la vida crucificado; te suplico, apóstol glorioso, me alcances del Señor la imitación de estas virtudes con la victoria de todas mis pasiones, y especialmente el don de frecuentes lágrimas, para que purificado de toda culpa goce de tu amabilísima compañía en la gloria. Así sea.

A San Pablo

Gloriosísimo apóstol San Pablo

Gloriosísimo apóstol San Pablo, vaso escogido del Señor para llevar su Santo Nombre por toda la tierra; por tu celo apostólico y por tu abrasada caridad con que sentías los trabajos de tus prójimos como si fueran tuyos propios; por la inalterable paciencia con que sufriste persecuciones, cárceles, azotes, cadenas, tentaciones, naufragios y hasta la misma muerte; por aquel celo que te estimulaba a trabajar día y noche en beneficio de las almas y, sobre todo, por aquella prontitud con que, a la primera voz de Cristo en el camino de Damasco, te rendiste enteramente a la gracia, te ruego, por todos los apóstoles de hoy, que me consigas del Señor que imite tus ejemplos oyendo prontamente la voz de sus inspiraciones y peleando contra mis pasiones sin apego ninguno a las cosas temporales y con aprecio de las eternas, para gloria de Dios Padre, que con el Hijo y el Espíritu Santo vive y reina por todos los siglos de los siglos.

Amén.

ORACIONES A LOS ÁNGELES

Arcángel San Miguel

San Miguel arcángel, defiéndenos en la lucha.
Sé nuestro amparo contra la perversidad y asechanzas del demonio.
Que Dios manifieste sobre él su poder, es nuestra humilde súplica.
Y tú, ¡oh Príncipe de la milicia celestial!, con el poder que Dios te ha conferido,
arroja al infierno a Satanás y a los demás espíritus malignos que vagan por el mundo
para la perdición de las almas.
Amén.

Ángel de la paz

Ángel de la paz, ángel de la guarda, a quien soy encomendado, mi defensor, mi vigilante centinela; gracias te doy, que me libraste de muchos daños del cuerpo y del alma.

Gracias te doy, que estando durmiendo, me velaste, y despierto, me encaminaste; al oído, con santas inspiraciones me avisaste.

Perdóname, amigo mío, mensajero del cielo, consejero, protector y fiel guarda mía; muro fuerte de mi alma, defensor y compañero celestial. En mis desobediencias, vilezas y descortesías, ayúdame y guárdame siempre de noche y de día.

Amén.

Ángel de la guarda

Ángel de mi guarda, dulce compañía,
No me desampares ni de noche ni de día.
No me dejes solo que me perdería.
Angelito mío, ruega a Dios por mí.

ORACIONES DE SANTOS Y PADRES DE LA IGLESIA

¡Oh, luz del Padre! (San Gregorio)

(recogida por F. Luis de León)

¡Oh, luz del Padre! ¡Oh, palabra de aquel entendimiento grandísimo, aventajado sobre toda palabra! ¡Oh, luz infinita de luz infinita! Unigénito, figura del Padre, sello del que no tiene principio, resplandor que juntamente resplandece con Él, fin de los siglos, clarísimo, resplandeciente, dador de riquezas inmensas, asentado en trono alto, celestial, poderoso, de infinito valor, gobernador del mundo, y que das a todas las cosas fuerza que vivan. Todo lo que es y lo que será, Tú lo haces. Sumo artífice, a cuyo cargo está todo. Porque a Ti, ¡oh, Cristo!, se debe que el sol en el cielo con sus resplandores quite a las estrellas su luz, así como en comparación de tu luz son tinieblas los más claros espíritus. Obra tuya es que la luna, luz de la noche, vive a veces y muere, y torna llena después, y concluye su vuelta. Por Ti, el círculo que llamamos Zodiaco, y aquella danza, como si dijésemos, tan ordenada del cielo, pone sazón y debidas leyes al año, mezclando sus partes entre sí, y templándolas, como sin sentir, con dulzura. Las estrellas, así las fijas como las que andan y tornan, son pregoneros de tu saber admirable. Luz tuya son todos aquellos entendimientos del cielo que celebran la Trinidad con sus cantos. También el hombre es tu gloria, que colocaste en la tierra como ángel tuyo pregonero y cantor. ¡Oh, lumbre clarísima, que por mí disimulas tu gran resplandor! ¡Oh, inmortal, y mortal por mi causa! Engendrado dos veces. Alteza libre de carne, y a la postre, para mi remedio, de carne vestida. A Ti vivo, a Ti hablo, soy víctima tuya; por Ti la lengua encadeno, y ahora por Ti la desato: pídote, Señor, que me des callar y hablar como debo.

¡Oh, Santísima Virgen! (San Ireneo)

¡Oh, Santísima Virgen! Vuestra gloria excede a todos los elogios. El cielo y la tierra os rinden el culto y los homenajes de veneración que os son debidos. Con mucha más razón debemos nosotros honraros y bendeciros.

Amén.

¡Oh, Madre del Dolor! (San Alfonso María Ligorio)

¡Oh, Madre del dolor y del sufrimiento! ¡Reina de los mártires! Vos habéis llorado con lágrimas amargas la muerte de vuestro Hijo inmolado por mi salvación; pero ¿de qué me servirán vuestras lágrimas si tengo la desgracia de condenarme? Por los méritos de vuestros dolores, os suplico que os dignéis alcanzarme un verdadero arrepentimiento de mis pecados, un completo cambio de vida y una tierna compasión por los sufrimientos de vuestro divino Hijo y de los vuestros. Puesto que Jesús y vos, aunque inocentes, habéis sufrido por mí, haced que yo, que por mis pecados merezco el infierno, padezca también algo por vos. ¡Oh, Madre mía! Por la aflicción que experimentasteis al ver a vuestro divino Hijo inclinar la cabeza y expirar en la cruz, os suplico que me concedáis una buena muerte. ¡Ah! No desamparéis en aquel terrible trance a mi alma afligida y combatida por todos sus enemigos. Por si no puedo entonces invocar los dulces nombres de Jesús y de María, los invoco desde ahora y os ruego, ¡oh santo objeto de mi esperanza!, que me socorráis en mis últimos momentos.

Amén.

¡Oh, Virgen, tu gloria supera...! (San Atanasio de Alejandría)

¡Oh, Virgen, tu gloria supera todas las cosas creadas! ¿Qué hay que se pueda semejar a tu nobleza, madre del Verbo Dios? ¿A quién te compararé, ¡oh Virgen!, de entre toda la creación? Excelsos son los ángeles de Dios y los arcángeles, pero ¡cuánto los superas tú, María! Los ángeles y los arcángeles sirven con temor a aquel que habita en tu seno, y no se atreven a hablarle; tú, sin embargo, hablas con él libremente. Decimos que los querubines son excelsos, pero tú eres mucho más excelsa que ellos: los querubines sostienen el trono de Dios; tú, sin embargo, sostienes a Dios mismo entre tus brazos. Los serafines están delante de Dios, pero tú estás más presente que ellos; los serafines cubren su cara con las alas no pudiendo contemplar la gloria perfecta; tú, en cambio, no solo contemplas su cara, sino que la acaricias y llenas de leche su boca santa.

¡Oh, clementísima Reina! (San Anselmo)

¡Oh, clementísima Reina! Dignaos socorrernos sin mirar la multitud de nuestros pecados. ¡Acordaos que nuestro Creador se ha hecho carne en vuestro seno, no para condenar a los pecadores sino para salvarlos! ¡Si vos hubierais sido hecha Madre de Dios solo en vuestro beneficio, podría decirse que nuestra salvación os era indiferente; pero Dios se ha hecho hombre por vuestra salvación y la de todo el género humano! ¡De qué nos serviría vuestro poder y vuestra gloria si no nos hicierais partícipes de vuestra bienaventuranza! Dignaos ayudarnos y protegernos: a vos nos encomendamos; haced que eternamente amemos y sirvamos a vuestro Hijo Jesucristo.
Amén.

Salve María (San Juan Damasceno)

¡Salve, María, esperanza de los cristianos! Dignaos escuchar los ruegos de un pecador que os ama con ternura, que os honra particularmente y que cifra en vos la esperanza de su salvación. A vos os debo la vida: por vos he sido restituido a la gracia de vuestro divino Hijo: vos sois la más segura prenda de mi eterna felicidad. Libradme, ¡oh Santísima Virgen!, del peso de mis pecados, disipad las tinieblas de mi espíritu, destruid las afecciones terrenales de mi corazón; dadme fuerzas para vencer las tentaciones de mis enemigos, y presidid todas las acciones de mi vida, para que con vuestro amparo y dirección pueda obtener la eterna felicidad del Paraíso.

Amén.

¡Oh, María! Vos que sois... (San Pedro Damiano)

¡Oh, María! Vos que sois todo poderosa en el cielo y en la tierra y que hasta podéis devolver la esperanza a los que la han perdido, dignaos, cuando os presentéis a Jesucristo que es el autor de la reconciliación, dignaos interceder en mi favor para que bajo vuestros auspicios pueda yo vivir en el mundo según la ley de Dios y gozar la dicha de veros en la eternidad.

Amén.

¡Oh, Santa Madre de Dios! (San Efrén)

¡Oh, Santa Madre de Dios! ¡Dignaos protegernos y conservarnos bajo las alas de vuestra piedad y de vuestra

misericordia! En vos depositamos toda nuestra confianza. A vos nos hemos consagrado desde nuestra más tierna infancia como a nuestra Soberana. Vos sois el puerto en que nos refugiamos. ¡Oh, Virgen purísima, nosotros nos acogemos a vuestro amparo y deseamos seros siempre fieles!
Amén.

Vos sois, ¡oh María! (San Epifanio)

Vos sois, ¡oh María!, la Esposa de la Santísima Trinidad, y el oculto tesoro de los bienes que dispensa; la gracia os ha sido concedida sin límites. Por vos se ha levantado Eva de su caída y Adán ha sido admitido en el paraíso de donde había sido arrojado por la culpa. Por vos, Santísima Virgen, y con vuestro socorro se ha concedido al mundo la paz celestial, y contados los hombres, como los ángeles, en el número de los siervos, de los amigos y de los hijos de Dios. Por vos ha sido rechazada la muerte, despojado el infierno, derribados los ídolos, y propagado el conocimiento del cielo y de vuestro divino Hijo por toda la tierra. Dignaos, pues, Señora, interceder en nuestro favor para que así tengamos la seguridad de alcanzar algún día el inmenso bien que vos gozáis en toda su plenitud.
Amén.

Acordaos, ¡oh, Virgen Santísima! (San Germán, patriarca de Constantinopla)

Acordaos, ¡oh, Virgen Santísima!,
de vuestros siervos;
sostened sus oraciones;
confirmad su fe;
haced que vengan a la unidad
las iglesias dispersas;
haced que triunfe este Reino,
que florezca la paz en el mundo,
libradnos de todo peligro
y dignaos alcanzarnos un día
la recompensa eterna.
Amén.

¡Oh, Soberana mía (San Germán de Borgoña)

¡Oh, Soberana mía!
Vos sois el consuelo
que el mismo Dios me ha concedido;
vos sois mi guía en la peregrinación de este mundo,
la fuerza en mi debilidad,
la riqueza en mi miseria,
el bálsamo que cura mis heridas,
el consuelo en mis dolores
y la libertadora que rompe mis cadenas.
Dignaos ¡oh, Virgen Santa!,

escuchar las humildes súplicas de vuestro siervo,
y compadeceos de mis lágrimas,
vos que sois mi paciencia,
mi refugio, mi esperanza,
mi salvación y mi apoyo.
Amén.

A vos recurro (San Guillermo de París)

A vos recurro, ¡oh gloriosa Madre de Dios!, a quien la santa Iglesia llama Madre de misericordia. Vos sois, ¡oh María!, la que nunca ha sufrido repulsa del Señor y cuya misericordia no ha faltado nunca a nadie, cuya clemencia no ha desoído la súplica del desdichado. No quiera Dios, ¡oh intercesora de los hombres!, y su única esperanza para con vuestro Hijo, que mis pecados sean un obstáculo para que ejerzáis conmigo vuestra misericordia. ¡Ah! ¡No! Yo espero que os dignaréis acordarme la gracia de expiarlos y arrepentirme de ellos sinceramente.

Amén.

Señora mía, dulce y poderosa (San Ildefonso de Toledo)

Señora mía, dueña y poderosa sobre mí, madre de mi Señor, sierva de tu Hijo, engendradora del que creó el mundo, a ti te ruego, te oro y te pido que tenga el espíritu de tu Señor, que tenga el espíritu de tu Hijo, que tenga el espíritu de mi Redentor, para que yo conozca lo verdadero y digno de ti, para que yo hable lo que es verdadero y digno de ti y para que ame todo lo que sea verdadero y digno de ti. Tú eres la elegida por Dios, recibida por Dios en el cielo, llamada por Dios, próxima a Dios e íntimamente unida a Dios. Tú, visitada por el ángel, saludada por el ángel, bendita y glorificada por el ángel, atónita en tu pensamiento, estupefacta por la salutación y admirada por la anunciación de las promesas.

He aquí que tú eres dichosa entre las mujeres, íntegra entre las recién paridas, señora entre las doncellas, reina entre las hermanas. He aquí que desde ese momento te dicen feliz todas las gentes, te conocieron feliz las celestes virtudes, te adivinaron feliz los profetas todos y celebran tu felicidad todas las naciones. Dichosa tú para mi fe, dichosa tú para mi alma, dichosa tú para mi amor, dichosa tú para mis predicciones y predicaciones. Te predicaré cuanto debes ser predicada, te amaré cuanto debes ser amada, te alabaré cuanto debes ser alabada, te serviré cuanto hay que servir a tu gloria. Tú, al recibir solo a Dios, eres posterior al Hijo de Dios; tú, al engendrar a un tiempo a Dios y al hombre, eres antes que el hombre hijo, al cual, al recibirle solamente al venir, recibiste a Dios por huésped, y al concebirle tuviste por morador, al mismo tiempo, al hombre y a Dios. En el pasado eres limpia para Dios, en el presente tuviste en ti al hombre y a Dios, en el futuro serías madre del hombre y de Dios; alegre por tu concepción y tu virginidad, contenta por tu descendencia y por tu pureza y fiel a tu Hijo y a tu esposo. Conservas la fidelidad a tu Hijo, de modo que ni Él mismo tenga quien le engendre; y de tal modo conservas fidelidad a tu esposo, que Él mismo te conozca como madre sin concurso de varón. Tanto eres digna de gloria en tu Hijo cuanto desconoces todo concurso de varón, habiendo sabido lo que debías conocer, docta en lo que debías creer, cierta en lo que debías esperar y confirmada en lo que tendrías sin pérdida alguna.

Vuestro nombre (San Metodio)

¡Vuestro nombre, oh, Santa Madre de Dios, contiene todas las gracias y todas las bendiciones divinas! ¡Vos habéis llevado en vuestro seno al que es incomprensible y habéis alimentado al que alimenta a todas las criaturas! El que llena el cielo y la tierra, el que es Soberano de todas las cosas ha querido seros deudor del vestido de carne que antes no tenía. ¡Regocijaos, oh, Madre de Dios, regocijaos de tener por deudor al que da el ser a todas las criaturas! Todos somos deudores de Dios, pero puede decirse que Dios ha querido serlo vuestro en cierto modo. Así es, Madre amantísima, que vuestra caridad y vuestro crédito para con Dios exceden a la caridad y al crédito de todos los santos. Nosotros celebramos vuestra gloria, sabemos cuán grande es vuestra bondad, y os suplicamos que os acordéis de nosotros y de nuestras miserias.
Amén.

Al amor de los amores
(Santa Teresa de Lisieux)

Sagrario del Altar, el nido de tus más tiernos y regalados amores. Amor me pides, Dios mío, y amor me das; tu amor es amor de cielo, y el mío, amor mezclado de tierra y cielo; el tuyo es infinito y purísimo; el mío, imperfecto y limitado. Sea yo, Jesús mío, desde hoy, todo para Ti, como Tú lo eres para mí. Que te ame yo siempre, como te amaron los apóstoles; y mis labios besen tus benditos pies, como los besó la Magdalena convertida. Mira y escucha los extravíos de mi corazón arrepentido, como escuchaste a Zaqueo y a la Samaritana. Déjame reclinar mi cabeza en tu sagrado pecho como a tu discípulo amado San Juan. Deseo vivir contigo, porque eres vida y amor.

Por solo tus amores, Jesús, mi bienamado, en Ti mi vida puse, mi gloria y porvenir. Y ya que para el mundo soy una flor marchita, no tengo más anhelo que, amándote, morir.

Tarde te amé (San Agustín)

¡Tarde te amé, hermosura tan antigua y tan nueva,
tarde te amé! y tú estabas dentro de mí y yo afuera,
y así por de fuera te buscaba; y, deforme como era,
me lanzaba sobre estas cosas que tú creaste.

Tú estabas conmigo, pero yo no estaba contigo.
Reteníanme lejos de ti aquellas cosas que,
si no estuviesen en ti, no existirían.

Me llamaste y clamaste, y quebraste mi sordera;
brillaste y resplandeciste, y curaste mi ceguera;
exhalaste tu perfume, y lo aspiré, y ahora te anhelo;
gusté de ti, y ahora siento hambre y sed de ti;
me tocaste, y deseo con ansia la paz que procede de ti.

Adoro Te devote (Santo Tomás)

Te adoro con devoción, Dios escondido, oculto verdaderamente bajo estas apariencias. A Ti se somete mi corazón por completo, y se rinde totalmente al contemplarte.

Al juzgar de Ti, se equivocan la vista, el tacto, el gusto; pero basta el oído para creer con firmeza; creo todo lo que ha dicho el Hijo de Dios: nada es más verdadero que esta Palabra de verdad.

En la cruz se escondía solo la Divinidad, pero aquí se esconde también la Humanidad; sin embargo, creo y confieso ambas cosas, y pido lo que pidió aquel ladrón arrepentido.

No veo las llagas como las vio Tomás, pero confieso que eres mi Dios: haz que yo crea más y más en Ti, que en Ti espere y que te ame.

¡Memorial de la muerte del Señor! Pan vivo que das vida al hombre: concede a mi alma que de Ti viva y que siempre saboree tu dulzura.

Señor Jesús, bondadoso Pelícano, límpiame a mí, inmundo, con tu Sangre, de la que una sola gota puede liberar de todos los crímenes al mundo entero.

Jesús, a quien ahora veo oculto, te ruego que se cumpla lo que tanto ansío: que al mirar tu rostro cara a cara, sea yo feliz viendo tu gloria.

Amén.

Hazme un instrumento de tu paz (San Francisco de Asís)

¡Oh, Señor!, hazme un instrumento de tu Paz.
Que allá donde hay odio, yo ponga el amor.
Que allá donde hay ofensa, yo ponga el perdón.
Que allá donde hay discordia, yo ponga la unión.
Que allá donde hay error, yo ponga la verdad.
Que allá donde hay duda, yo ponga la fe.
Que allá donde desesperación, yo ponga la esperanza.
Que allá donde hay tinieblas, yo ponga la luz.
Que allá donde hay tristeza, yo ponga la alegría.
¡Oh, Señor!, que yo no busque tanto
ser consolado cuanto consolar,
ser comprendido cuanto comprender,
ser amado cuanto amar.
Porque es dándose como se recibe,
es olvidándose de sí mismo como uno se encuentra a sí mismo,

es perdonando como se es perdonado,
es muriendo como se resucita a la vida eterna.

Salve Reina de Misericordia (San Bernardo)

Salve Reina de misericordia, Señora del mundo, Reina del cielo, Virgen de las vírgenes, Sancta Sanctórum, luz de los ciegos, gloria de los justos, perdón de los pecadores, reparación de los desesperados, fortaleza de los lánguidos, salud del orbe, espejo de toda pureza. Haga tu piedad que el mundo conozca y experimente aquella gracia que tú hallaste ante el Señor, obteniendo con tus santos ruegos perdón para los pecadores, medicina para los enfermos, fortaleza para los pusilánimes, consuelo para los afligidos, auxilio para los que peligran.
Por ti tengamos acceso fácil a tu Hijo, ¡oh bendita y llena de gracia, Madre de la vida y de nuestra salud!, para que por ti nos reciba el que por ti se nos dio. Excuse ante tus ojos tu pureza las culpas de nuestra naturaleza corrompida: obténganos tu humildad tan grata a Dios el perdón de nuestra vanidad. Encubra tu inagotable caridad la muchedumbre de nuestros pecados, y tu gloriosa fecundidad nos conceda abundancia de merecimientos.

¡Oh, Señora nuestra, Mediadora nuestra y Abogada nuestra!: reconcílianos con tu Hijo, recomiéndanos a tu Hijo, preséntanos a tu Hijo.

Haz, ¡oh Bienaventurada!, por la gracia que hallaste ante el Señor, por las prerrogativas que mereciste y por la misericordia que engendraste, que Jesucristo tu Hijo y Señor nuestro, bendito por siempre y sobre todas las cosas, así como por tu medio se dignó hacerse participante de nuestra debilidad y miserias, así nos haga participantes también por tu intercesión de su gloria y felicidad.

Dulcísimo Jesús (San Buenaventura)

Traspasa, dulcísimo Jesús y Señor mío, la médula de mi alma con el suavísimo y saludabilísimo dardo de tu amor y de una verdadera y pura caridad, tal como la que llenaba el corazón de los santos apóstoles, a fin de que desfallezca y se derrita solo en amor tuyo y en deseo de poseerte.

Que ansíe por Ti, que desfallezca en tus atrios, y que no aspire más que a verse libre para unirse contigo. Haz que mi alma tenga hambre de Ti, ¡oh Pan de los ángeles, alimento de almas santas, Pan nuestro cotidiano, lleno de fortaleza, de dulzura, de suavidad, que a cuantos con él se nutren hace sentir las delicias de su sabor!

¡Oh, Jesús, a quien los ángeles desean siempre contemplar, haz que mi corazón sin cesar tenga hambre de Ti, se alimente de Ti, y lo más profundo de mi alma sea regalado con la dulzura de tus delicias! Que mi corazón tenga siempre sed de Ti, ¡oh fuente de vida, manantial de sabiduría y de ciencia, río de luz eterna, torrente de delicias, abundancia de la casa de Dios!

Que no ambicione otra cosa sino poseerte, que te busque y te encuentre, que a Ti me dirija y a Ti llegue, en Ti piense, de Ti hable y todo lo haga en loor y gloria de tu nombre, con humildad y discreción, con amor y deleite, con facilidad y afecto, con perseverancia hasta el fin; y que Tú solo seas siempre mi esperanza, toda mi confianza, mis riquezas, mi deleite, mi contento, mi gozo, mi descanso y mi tranquilidad, mi paz, mi suavidad, mi olor, mi dulcedumbre, mi alimento, mi comida, mi refugio, mi auxilio, mi sabiduría, mi heredad, mi posesión, mi tesoro, en el cual esté siempre fija, firme y hondamente arraigada mi alma y mi corazón.

Amén.

La coraza (San Patricio)

Me envuelvo hoy día y ato a mí una fuerza poderosa;
la invocación de la Trinidad, la fe en las Tres Personas, la confesión de
la unidad del Creador del universo.
Me envuelvo hoy día y ato a mí:
la fuerza de Cristo con su Bautismo,
la fuerza de su crucifixión y entierro,
la fuerza de su resurrección y ascensión,
la fuerza de su regreso para el juicio de la eternidad.
Me envuelvo hoy día y ato a mí:
la fuerza del amor de los querubines,
la obediencia de los ángeles,
el servicio de los arcángeles,
la esperanza de la resurrección para el premio,

la oración de los patriarcas,
la visión de los profetas,
las palabras de los apóstoles,
la fe de los mártires,
la inocencia de las santas vírgenes y
las buenas obras de los confesores.
Me envuelvo hoy día y ato a mí el poder del cielo,
la luz del sol, el brillo de la luna,
el resplandor del fuego, la velocidad del rayo,
la rapidez del viento, la profundidad del mar,
la firmeza de la tierra, la solidez de la roca.
Me envuelvo hoy día y ato a mí:
la fuerza de Dios para orientarme,
el poder de Dios para sostenerme,
la sabiduría de Dios para guiarme,
el ojo de Dios para prevenirme,
el oído de Dios para escucharme,
la Palabra de Dios para apoyarme,
la mano de Dios para defenderme,
el camino de Dios para recibir mis pasos,
el escudo de Dios para protegerme,
los ejércitos de Dios para darme seguridad
contra las trampas de los demonios,
contra las tentaciones de los vicios,
contra las inclinaciones de la naturaleza,
contra todos los que desean el mal de lejos y de cerca.
Estando yo solo en la multitud,

convoco hoy día todas esas fuerzas poderosas que están entre mí y esos males
contra las encantaciones de los falsos profetas,
contra las leyes negras del paganismo,
contra las leyes falsas de los herejes,
contra la astucia de la idolatría,
contra los conjuros de las brujas, brujos y magos,
contra las curiosidades que dañan el cuerpo y el alma del hombre.
Invoco a Cristo que me proteja hoy día:
contra el veneno, el incendio, el ahogo, las heridas,
para que pueda yo alcanzar abundancia de premio.

Cristo conmigo, Cristo delante de mí, Cristo detrás de mí,
Cristo en mí, Cristo bajo mí, Cristo sobre mí,
Cristo a mi derecha, Cristo a mi izquierda,
Cristo en la anchura, Cristo en la longitud, Cristo en la altura,
Cristo en el corazón de todo hombre que piensa en mí,
Cristo en la boca de todos los que hablan de mí,
Cristo en todo ojo que me ve, Cristo en todo oído que me escucha.

Me envuelvo hoy día y ato a mí una fuerza poderosa;
la invocación de la Trinidad, la fe en las Tres Personas,
la confesión de la unidad del Creador del universo.

Del Señor es la salvación. Del Señor es la salvación. De Cristo es la salvación.
Tu salvación, Señor, está siempre con nosotros.
Amén.

Señor, tú me conoces (San Ignacio)

Señor, Tú me conoces mejor
de lo que yo me conozco a mí mismo.
Tu Espíritu empapa
todos los momentos de mi vida.
Gracias por tu gracia y por tu amor
que derramas sobre mí.
Gracias por tu constante y suave invitación
a que te deje entrar en mi vida.
Perdóname por las veces que he rehusado tu invitación
y me he encerrado lejos de tu amor.
Ayúdame a que en este día venidero
reconozca tu presencia en mi vida,
para que me abra a Ti.
Para que Tú obres en mí,
para tu mayor gloria.
Amén.

Totus Tuus (San Maximiliano Kolbe)

Inmaculada Concepción, María mi Madre,
vive en mí. Actúa en mí.
Habla en y a través de mí.

Pon tus pensamientos en mi mente.
Ama a través de mi corazón.
Dame tus disposiciones y sentimientos.
Enséñame, llévame y guíame a Jesús.
Corrige mi camino, ilumina mi entendimiento
y expande con tu amor mi corazón.
Toma mi alma. Toma posesión de toda mi personalidad y mi vida.
Remplázala con tu vida.
Inclíname a una constante adoración y alabanza.
Ora en mí y a través de mí, ¡oh Madre!
Permíteme vivir en ti y siempre mantenme en esta comunión de corazón.
Totus Tuus Ego Sum.

Oración al Ángel de la guarda (San Macario el Egipcio)

Ángel santo,
que velas por mi pobre alma
y por mi vida,
no me dejes, soy pecador
y no me desampares
a causa de mis manchas.
No dejes que se me acerque
el mal espíritu.
Y dirígeme poderoso
preservando mi cuerpo mortal.

Toma mi mano débil
y condúceme por el camino
de la salvación.
Amén.

Ángel de la guarda (San Juan Berchmans)

Ángel Santo, amado de Dios, que después de haberme tomado, por disposición divina, bajo vuestra bienaventurada guarda, jamás cesáis de defenderme, de iluminarme y de dirigirme: yo os venero como a protector, os amo como a custodio; me someto a vuestra dirección y me entrego todo a vos, para ser de vos gobernado. Os ruego, por lo tanto, y por amor de Jesucristo os suplico, que, cuando sea ingrato para con vos y obstinadamente sordo a vuestras inspiraciones, no queráis, a pesar de esto, abandonarme; antes al contrario, ponedme pronto en el recto camino, si me he desviado de él; enseñadme, si soy ignorante; levantadme, si he caído; sostenedme, si estoy en peligro, y conducidme al cielo para poseer en él una felicidad eterna.

Amén.

Por las Almas del Purgatorio (Santa Gertrudis)

Padre eterno, yo te ofrezco la preciosísima sangre de tu divino Hijo, Jesús, en unión con las santas misas celebradas hoy en todo el mundo, por todas las Santas Almas del Purgatorio, por todos los pecadores en todas partes, por los pecadores en la Iglesia universal, para aquellos en mi propia casa y también dentro de mi familia.

Amén.

Oración para aprender a amar (Santa Madre Teresa de Calcuta)

Señor, cuando tenga hambre, dame alguien que necesite comida;
cuando tenga sed, dame alguien que precise agua.
Cuando sienta frío, dame alguien que necesite calor.
cuando sufra, dame alguien que necesita consuelo;
cuando mi cruz parezca pesada, déjame compartir la cruz del otro;
cuando me vea pobre, pon a mi lado algún necesitado;
cuando no tenga tiempo, dame alguien que precise de mis minutos;
cuando sufra humillación, dame ocasión para elogiar a alguien;
cuando esté desanimado, dame alguien para darle nuevos ánimos;
cuando quiera que los otros me comprendan, dame alguien que necesite de mi comprensión;
cuando sienta necesidad de que cuiden de mí, dame alguien a quien pueda atender;
cuando piense en mí mismo, vuelve mi atención hacia otra persona.

Haznos dignos, Señor, de servir a nuestros hermanos;
dales, a través de nuestras manos, no solo el pan de cada
día, también nuestro amor misericordioso,
imagen del tuyo.

ORACIONES DE LOS PAPAS

A la Sagrada Familia (Pío XII)

¡Oh, Sagrada familia! Trinidad de la tierra, Jesús, María y José, sublimes modelos y tutelares de las familias cristianas, a vosotros recurrimos no solo para confortarnos con la suave contemplación de vuestros amables ejemplos, sino también para implorar vuestra protección y prometeros constante fidelidad en el camino que nos señaláis.

Vuestra paz, vuestra inalterable serenidad, rehacen nuestros abatidos espíritus entre las angustias de una vida cada vez más complicada y difícil, mostrándonos elocuentemente que solo en un hogar adornado y enriquecido con las virtudes domésticas que vosotros enseñáis, podrán nuestros corazones hallar el reposo y la felicidad que tanto anhelan.

Pero ¿cómo podrá la tierna planta de la familia defenderse contra el ardor de las pasiones desenfrenadas, los movimientos insidiosos de la rebelión que casi por doquier se insinúan, el huracán de la vida moderna que se diría que quiere subvertirlo todo? No de otra manera, sino haciendo nosotros que sus raíces penetren profundamente en la tierra generosa de la piedad cristiana; implorando para ella el riego abundante de la divina gracia, especialmente por medio de la común participación en los santos sacramentos, animándola con un verdadero espíritu de fe que nos lleve a superar la concepción materialista de la vida; uniendo todas sus ramas con el estrecho vínculo del amor que, si no fuese también sobrenatural, pasaría como pasan todas las cosas de esta tierra; consolidándola en su propio ser mediante el firme propósito de cumplir cada uno de nosotros nuestros deberes en todo aquello que nos impone el justo orden familiar; sosteniéndola en las asperezas de este destierro terreno, en el que a veces faltan también hogares honestos o se carece de lo necesario para una decorosa y suficiente subsistencia.

En el desorden de las ideas que a menudo turban los espíritus, nosotros proclamamos en alto la santidad, la unidad y la misión divina de la familia cristiana, célula de la sociedad y de la Iglesia, y cada uno en su puesto —padres e hijos—, con modestia, pero con firmeza, nos comprometemos a hacer cuanto esté en nuestra mano para que tan hermosos ideales sean en el mundo una realidad.

Ayúdanos tú, ¡oh José!, espejo de la más admirable paternidad en el cuidado asiduo que supiste prestar al Salvador y a la Virgen, siguiendo fielmente las divinas aspiraciones; acude en nuestro auxilio, ¡oh María!, la más amante, la más fiel y la más genuina esposa y madre; asístenos Tú, ¡oh Jesús!, que para servirnos en todo de excelso modelo quisiste hacerte el más sumiso de los hijos. Que vosotros tres estéis siempre junto a nosotros, en las horas alegres y tristes, en nuestros trabajos y en nuestro descanso, en nuestras ansias y en nuestras esperanzas, junto a los que nacen y junto a los que mueren.

Y alcanzadnos que todos los hogares, santificados a imitación del vuestro, sean para todos sus miembros escuela de virtudes, asilo de santidad, camino seguro hacia aquella eterna bienaventuranza que, por vuestra intercesión, confiadamente esperamos. Así sea.

¡Oh, Dios, nuestro refugio...! (León XIII)

¡Oh, Dios, nuestro refugio y fortaleza! Mira propicio al pueblo que a Ti clama; y por la intercesión de la gloriosa e inmaculada siempre Virgen María, Madre de Dios, de San José, su esposo, y de tus santos apóstoles Pedro y Pablo, y de todos los santos; escucha misericordioso y benigno las súplicas que te dirigimos pidiéndote la conversión de los pecadores, la exaltación y libertad de la santa madre Iglesia. Por Jesucristo nuestro Señor.

Amén.

Al Espíritu Santo (beato Juan XXIII)

Espíritu Santo: perfecciona la obra que Jesús comenzó en mí. Mortifica en mí la presunción natural. Quiero ser sencillo, lleno de amor a Dios y constantemente generoso.

Que ninguna fuerza humana me impida hacer honor a mi vocación cristiana. Que ningún interés, por descuido mío, vaya contra la justicia.

Que ningún egoísmo reduzca en mí los espacios infinitos del amor. Que la efusión de tu Espíritu de amor venga sobre mí, sobre la Iglesia y sobre el mundo entero.

Espíritu de Majestad, te ruego me llenes del don de temor de Dios, para no dejarme llevar de las tentaciones de los sentidos, y proceder con templanza en el uso de las criaturas.

Divino Espíritu, por los méritos de Jesucristo y la intercesión de tu Esposa, María Santísima, te suplico que vengas a mi corazón y me comuniques la plenitud de tus dones, para que, iluminado y confortado por ellos, viva según tu voluntad, muera entregado a tu Amor y así merezca cantar eternamente tus infinitas misericordias.

Amén.

Creo en Ti (atribuida a Clemente XI)

Creo en Ti, Señor, pero ayúdame a creer con firmeza.
Espero en Ti, pero ayúdame a esperar sin desconfianza.
Te amo, Señor, pero ayúdame a no volver a ofenderte.
Te adoro, Señor, porque eres mi creador y te anhelo porque eres mi fin.
Te alabo porque no te cansas de hacerme el bien,
y me refugio en Ti porque eres mi protector.
Que tu sabiduría, Señor, me dirija, y tu justicia me reprima.

Que tu misericordia me consuele y tu poder me defienda.

Te ofrezco, Señor, mis pensamientos, te ofrezco mis palabras, ayúdame a hablar de Ti.

Te ofrezco mis obras, ayúdame a cumplir tu voluntad.

Te ofrezco mis penas, ayúdame a sufrir por Ti.

Todo aquello que quieras Tú, Señor, lo que quiero yo, precisamente porque

lo quieres Tú, como Tú lo quieras y durante todo el tiempo que lo quieras.

Te pido, Señor, que ilumines mi entendimiento, que fortalezcas mi voluntad,

que purifiques mi corazón y santifiques mi espíritu.

Señor, hazme llorar mis pecados, rechazar las tentaciones, vencer mis

inclinaciones al mal y cultivar las virtudes.

Dame tu gracia, Señor, para amarte y olvidarme de mí, para buscar el bien de

mi prójimo sin tenerle miedo al mundo.

Dame la gracia para ser obediente con mis superiores, comprensivo con mis

inferiores, solícito con mis amigos y generoso con mi enemigo.

Ayúdame, Señor, a superar con austeridad al placer, con generosidad la

avaricia, con amabilidad la ira y con fervor la tibieza.

Que sepa yo tener prudencia, Señor, al aconsejar; valor en los peligros,

paciencia en las dificultades, sencillez en los éxitos.

Concédeme, Señor, atención al orar, sobriedad al comer,
responsabilidad en
mi trabajo y firmeza en mis propósitos.
Ayúdame a conservar la pureza del alma, a ser modesto en
mis actitudes,
ejemplar en mi trato con el prójimo y verdaderamente
cristiano en mi
conducta.
Concédeme tu ayuda para dominar mis instintos, para
fomentar en mí tu
gracia, para cumplir tus mandamientos y obtener mi
salvación.
Enséñame, Señor, a comprender la pequeñez de lo
terreno, la grandeza de lo divino, la brevedad de esta
vida y la eternidad de la futura.
Concédeme, Señor, una buena preparación para la muerte
y un santo temor al
juicio, para librarme del infierno y obtener tu gloria.
Por Cristo nuestro Señor.
Amén.

Invocación a la Virgen (Juan Pablo II)

María, hija de Israel, tú has proclamado la misericordia ofrecida a los hombres, de edad en edad, por el amor misericordioso del Padre.

María, Virgen Santa, Sierva del Señor, tú has llevado en tu seno el fruto precioso de la Misericordia divina.

María, tú que has guardado en tu corazón las palabras de salvación, testimonias ante el mundo la absoluta fidelidad de Dios a su amor.

María, tú que seguiste a tu Hijo Jesús hasta el pie de la cruz con el fíat de tu corazón de madre, te adheriste sin reserva al servicio redentor.

María, Madre de Misericordia, muestra a tus hijos el Corazón de Jesús, que tú viste abierto para ser siempre fuente de vida.

María, presente en medio de los discípulos, tú haces cercano a nosotros el amor vivificante de tu Hijo resucitado.

María, Madre atenta a los peligros y a las pruebas de los hermanos de tu Hijo, tú no cesas de conducirles por el camino de la salvación.

Oración a la Virgen María (Francisco)

Madre del silencio, que custodia el misterio de Dios,
líbranos de la idolatría del presente, a la que se condena quien olvida.
Purifica los ojos de los Pastores con el colirio de la memoria: volveremos a la lozanía de los orígenes, por una Iglesia orante y penitente.
Madre de la belleza, que florece de la fidelidad al trabajo cotidiano,
despiértanos del torpor de la pereza, de la mezquindad y del derrotismo.

Reviste a los Pastores de esa compasión que unifica e integra: descubriremos la alegría de una Iglesia sierva, humilde y fraterna.
Madre de la ternura, que envuelve de paciencia y de misericordia,
ayúdanos a quemar tristezas, impaciencias y rigidez de quien no conoce pertenencia.
Intercede ante tu Hijo para que sean ágiles nuestras manos, nuestros pies y nuestro corazón: edificaremos la Iglesia con la verdad en la caridad.
Madre, seremos el Pueblo de Dios, peregrino hacia el reino.
Amén.

ORACIONES DE LOS POETAS Y MÍSTICOS

¿Qué quiero, mi Jesús? (Calderón de la Barca)

¿Qué quiero, mi Jesús?... Quiero quererte,
quiero cuanto hay en mí del todo darte,
sin tener más placer que el agradarte,
sin tener más temor que el ofenderte.

Quiero olvidarlo todo y conocerte,
quiero dejarlo todo por buscarte,
quiero perderlo todo por hallarte,
quiero ignorarlo todo por saberte.

Quiero, amable Jesús, abismarme
en ese dulce hueco de tu herida,
y en sus divinas llamas abrasarme.

Quiero por fin, en Ti transfigurarme,
morir a mí, para vivir tu vida,
perderme en Ti, Jesús, y no encontrarme.

Nada te turbe (Santa Teresa de Jesús)

Nada te turbe,
nada te espante,
todo se pasa,
Dios no se muda.

La paciencia
todo lo alcanza;
Quien a Dios tiene
nada le falta:
solo Dios basta.

Eleva el pensamiento,
al cielo sube,
por nada te acongojes,
nada te turbe.

A Jesucristo sigue
con pecho grande,
y, venga lo que venga,
nada te espante.

¿Ves la gloria del mundo?
Es gloria vana;
nada tiene de estable,
todo se pasa.

Aspira a lo celeste,
que siempre dura;
fiel y rico en promesas,
Dios no se muda.

Ámala cual merece
Bondad inmensa;
pero no hay amor fino
sin la paciencia.

Confianza y fe viva
mantenga el alma,
que quien cree y espera
todo lo alcanza.

Del infierno acosado
aunque se viere,
burlará sus furores
quien a Dios tiene.

Vénganle desamparos,
cruces, desgracias;
siendo Dios su tesoro,
nada le falta.

Id, pues, bienes del mundo;
id, dichas vanas,

aunque todo lo pierda,
solo Dios basta.

Llama de amor viva (San Juan de la Cruz)

(Canciones del alma en la íntima comunicación de unión de amor de Dios)

¡Oh, llama de amor viva,
que tiernamente hieres
de mi alma en el más profundo centro!
Pues ya no eres esquiva,
acaba ya, si quieres;
rompe la tela de este dulce encuentro.

¡Oh, cauterio suave!
¡Oh, regalada llama!
¡Oh, mano blanda!
¡Oh, toque delicado!
que a vida eterna sabe
y toda deuda paga!
Matando muerte en vida la has trocado.

¡Oh, lámparas de fuego
en cuyos resplandores
las profundas cavernas del sentido,
que estaba oscuro y ciego,
con extraños primores
calor y luz dan junto a su Querido!

¡Cuán manso y amoroso
recuerdas en mi seno,
donde secretamente solo moras,
y en tu aspirar sabroso,
de bien y gloria lleno,
cuán delicadamente me enamoras!

¿Qué tengo yo…? (Lope de Vega)

¿Qué tengo yo, que mi amistad procuras?
¿Qué interés se te sigue, Jesús mío,
que a mi puerta, cubierto de rocío,
pasas las noches del invierno oscuras?

¡Oh, cuánto fueron mis entrañas duras,
pues no te abrí! ¡Qué extraño desvarío,
si de mi ingratitud el hielo frío
secó las llagas de tus plantas puras!

¡Cuántas veces el ángel me decía:
"Alma, asómate ahora a la ventana,
verás con cuánto amor llamar porfía"!

¡Y cuántas, hermosura soberana,
"Mañana le abriremos", respondía,
para lo mismo responder mañana!

A Jesús crucificado (Anónimo)

No me mueve, mi Dios, para quererte
el cielo que me tienes prometido;
ni me mueve el infierno tan temido
para dejar por eso de ofenderte.

Tú me mueves, Señor; muéveme el verte
clavado en una cruz y escarnecido;
muéveme ver tu cuerpo tan herido;
muévenme tus afrentas y tu muerte.

Muéveme, en fin, tu amor, y en tal manera
que aunque no hubiera cielo, yo te amara,
y aunque no hubiera infierno, te temiera.

No me tienes que dar porque te quiera,
pues aunque cuanto espero no esperara,
lo mismo que te quiero te quisiera.